Respondiendo al
Mensaje Misionero Mormón

Conversaciones Confidenciales
con Misioneros Mormones
(y otros Santos de los Últimos Días)

Corey Miller & Ross Anderson
(y otros autores)

ANEKO
PRESS

Diseño de Portada: Jonathan Lewis

Editor: Bredka Bernardo

Traducción: Worldview Media

Aneko Press

www.anekopress.com

Aneko Press, Life Sentence Publishing, and our logos are trademarks of

Life Sentence Publishing, Inc.
203 E. Birch Street
P.O. Box 652
Abbotsford, WI 54405

RELIGIÓN / Cristianismo/
Iglesia de Jesucristo de los
Santos de los Últimos Días

Paperback ISBN: 979-8-88936-267-8

eBook ISBN: 979-8-88936-268-5

10 9 8 7 6 5 4 3 2 1

RATIO
CHRISTI
PRESS

Los misioneros de los SUD están llegando, y necesitan que los involucres con las buenas nuevas de que ¡sólo la fe en Cristo salva! Este libro llena un vacío importante en el equipamiento de los cristianos para ese fin. *Respondiendo al Mensaje Misionero Mormón* es el informe apologético que necesitas para conversar eficazmente con los Santos de los Últimos Días. A través de una variedad de colaboradores capaces, obtienes una descripción detallada de las lecciones misioneras mormonas y recibes entrenamiento sobre cómo responder a cada una de ellas. ¡Los jóvenes misioneros que visitan tu puerta necesitan que leas esto!

Dr. Bryan Hurlbutt
Pastor principal de Lifeline Community en West Jordan, Utah, autor de *Tasty Jesus* y colaborador de *Sharing the Good News with Mormons*.

Para el cristiano que desea comunicarse mejor con los mormones que llegan a sus puertas, así como con sus amigos y familiares mormones, este recurso demuestra ser un manual educativo para considerar los conceptos fundamentales del mormonismo. Esto, a su vez, equipará a los lectores para responder compartiendo el evangelio bíblico de la gracia con *la verdad en amor* (Efesios 4:15).

Eric Johnson
Copresentador de *Viewpoint on Mormonism*, investigador asociado del Mormon Research Ministry (MRM.org) y autor de varios libros sobre mormonismo, entre ellos *Sharing the Good News with Mormons, Introducing Christianity to Mormons* y *Mormonism 101*.

Me encantó este libro. No sólo recibimos historias inspiradoras de la gracia de Dios cuando Él saca y redime a los autores de este libro y los lleva a la vida en Cristo, sino que también recibimos una explicación muy directa de las doctrinas cristianas que contrarrestan las enseñanzas de los misioneros SUD. Hay mucha sabiduría aquí para el cristiano compasivo que quiere ser eficaz en testificar al misionero mormón, al misionero retornado, o a su vecino SUD. Me alegró ver que los autores nos explican por qué el evangelismo que confronta funciona con aquellos cuya versión de la historia es que son un pueblo perseguido. Yo recomendaría este libro a todo pastor de iglesia o laico que quiera entender cómo alcanzar a los mormones con el evangelio. También recomendaría este libro para aquellos que están en el proceso de dejar el mormonismo y dar sus primeros pasos en el cristianismo histórico, ortodoxo y bíblico.

Dr. Paul Robie
Pastor fundador de la iglesia más grande de Utah, South Mountain Community Church

Como ex-miembros y misioneros SUD, los autores comparten respetuosamente desde sus propias experiencias cómo está estructurado el programa misionero mormón, así como proporcionan ideas sobre las diferencias entre el mormonismo y el cristianismo bíblico. Recomiendo este libro a cualquiera que busque entender mejor a sus amigos SUD.

Sandra Tanner
Presidente de Utah Lighthouse Ministry y (junto con su difunto marido, Jerald Tanner) autora de casi cuarenta libros sobre el mormonismo, entre ellos *Mormonism-Shadow or Reality?* Es tataranieta de Brigham Young, el segundo presidente de la Iglesia Mormona.

Este libro retrata las experiencias culturales cotidianas, incluyendo las luchas, de los misioneros mormones y compara las doctrinas SUD que enseñan con las comunicadas en la Biblia. Escrito en gran parte por exmisioneros SUD que ahora son cristianos bíblicos, y han estado en ambos lados de la cerca. Este es un excelente recurso para los cristianos que desean entender y dar testimonio a los misioneros mormones. Una de las mejores características es la descripción detallada de cada discusión misionera. Los lectores descubrirán ideas que les permitirán tener discusiones fructíferas con los misioneros SUD.

Dr. Lynn Wilder
Fundador de Cristianos Ex-Mormones Unidos por Jesús, co-presentador de *Unveiling Grace Podcast*, ex profesor de BYU, y autor o coautor de varios libros sobre el mormonismo y la fe cristiana, incluyendo *Unveiling Grace, 7 Reasons We Left Mormonism, y Leaving Mormonism*.

Este es el libro perfecto para cualquier cristiano que quiera entender a sus vecinos mormones. En *Respondiendo al Mensaje Misionero Mormón*, los que nunca han sido SUD tienen la oportunidad de escuchar a aquellos que han caminado en los zapatos de los misioneros. Desde crecer en la religión hasta ser entrenados para difundirla, estos autores tienen la autoridad experiencial necesaria para describir la perspectiva de aquellos que practican el mormonismo. Aún mejor es que ahora, como verdaderos creyentes en Cristo y Su evangelio de gracia, estos autores ayudan al lector a entender cómo responder a los Santos de los Últimos Días con la verdad en amor. Este volumen único merece su propio lugar junto a otros libros cristianos sobre el mormonismo que se han escrito a través de los años.

Jeremy Howard
Pastor de Orchard Hills Bible Church en Payson, UT.

Contents

A Jerald y Sandra Tanner y otros pionerosen el ministerio entre los mormones.

Introducción

Si estás leyendo esto, es casi seguro que has visto, y quizá hayas hablado con, «misioneros mormones». Más de la mitad de los estadounidenses conocen a un miembro activo de la Iglesia de Jesucristo de los Santos de los Últimos Días (IJSUD). Sus vecinos los conocen como grandes personas trabajadoras y generosas que sirven a los demás. También se les conoce como un pueblo proselitista. Unos sesenta y cinco mil misioneros SUD buscan activamente atraer a conversos de otras confesiones (o de ninguna). De hecho, el 30% de los miembros de la Iglesia SUD son conversos a la Iglesia. Dos tercios de todos los estadounidenses han sido contactados por misioneros SUD en algún momento. Los miembros de las iglesias cristianas tradicionales no están exentos. De hecho, la mayoría de los conversos a la Iglesia SUD tienen algún tipo de trasfondo cristiano. El mensaje de los misioneros mormones contiene términos que son comunes en el mundo cristiano - palabras como pecado, salvación, fe, arrepentimiento, cielo, Jesús, Dios, etc. - sin embargo, tienen significados muy diferentes. Las afirmaciones que los misioneros SUD hacen a los posibles conversos dependen en gran medida de que los posibles conversos tengan algún conocimiento básico de la Biblia. A pesar de la familiaridad del lenguaje y los temas, la Iglesia SUD entiende a Dios, la humanidad, la salvación y la eternidad de forma muy diferente al cristianismo histórico y bíblico. Por ejemplo, los Santos de los Últimos Días creen que Dios es un ser humano exaltado con un cuerpo físico. En cambio, el cristianismo enseña que Dios es un espíritu infinito que siempre ha sido Dios. Al igual que el mormonismo, el cristianismo tradicional identifica a Jesucristo y al Espíritu Santo como personas divinas. Pero a diferencia de los mormones, los cristianos creen que sólo hay un Dios (no tres) que existe eternamente en tres personas distintas.

La Iglesia SUD considera a los seres humanos como hijos espirituales literales de Dios Padre que tienen el potencial de convertirse en dioses algún día. Por el contrario, el cristianismo bíblico enseña que los seres humanos son criaturas (seres creados) de Dios. Podemos ser adoptados como hijos de Dios por la fe, pero somos un tipo de ser completamente diferente a Dios. Los Santos de los Últimos Días ven el pecado de Adán y Eva en el Edén como un acto de valentía que permitió a los seres humanos cumplir su destino mayor, aunque la Biblia retrata su pecado como un desastre total para la humanidad. La Biblia enseña que, en lugar de tener el potencial para la divinidad, los seres humanos están irremediablemente perdidos y caídos y necesitan desesperadamente la liberación y una nueva vida.

La Biblia presenta sistemáticamente la muerte de Jesús en la cruz como un sacrificio que paga toda la pena del pecado por todos aquellos que confían en Su provisión. Todos los beneficios de la expiación de Jesús - incluyendo el perdón, la nueva vida, la justicia, la resurrección y el cielo - son nuestros sólo por la gracia de Dios, para ser recibidos sólo por la fe. Por el contrario, los Santos de los Últimos Días creen que la muerte de Cristo es necesaria, pero no suficiente. Los mormones fieles deben cumplir una larga lista de mandamientos y ordenanzas extra-bíblicos (fuera de la Biblia) para ser considerados dignos de estar bien con Dios.

Los Santos de los Últimos Días creen que, en la otra vida, todos los seres humanos serán asignados a uno de los tres niveles del cielo. Aquellos que cumplan con todos los requisitos de Dios ganarán el nivel más alto en el cielo, donde podrán formar familias eternas y convertirse en dioses. Aunque las Escrituras hablan de nuestras recompensas en el cielo (1 Corintios 3:12-14, Mateo 19:28; 25:14-30, 2 Juan 1:8, etc.), los cristianos creen que aquellos que confían únicamente en Jesús recibirán la vida eterna, lo que se les enseña a los mormones es muy diferente de lo que enseña la Biblia. Y tristemente, aquellos que rechazan a Jesús enfrentarán el justo juicio de Dios por su pecado y estarán eternamente separados de Dios en el infierno.

Estas ideas opuestas sobre Dios, la humanidad y la salvación tienen sus raíces en dos puntos de vista diferentes sobre la verdad y la autoridad. Los Santos de los Últimos Días aceptan varios libros como escrituras, además de la Biblia, y creen que Dios sigue revelándose a través de los profetas modernos. Para los cristianos, la Biblia es la única autoridad final para la fe y la vida, y es la prueba definitiva de lo que es verdad.

Muchas de estas diferencias significativas son pasadas por alto por los misioneros SUD, que tratan de tender un puente a los seguidores de otras religiones presentando la «leche» antes que la «carne». Las diferencias también son a menudo oscurecidas por el hecho de que la Iglesia SUD defiende muchos de los valores de estilo de vida que el cristianismo bíblico defiende. Ambos grupos valoran el matrimonio, la familia, la honestidad, la castidad, la comunidad y otras cualidades admirables. Los Santos de los Últimos Días también practican actividades que resultan familiares para los cristianos, como la oración, la lectura de las Escrituras, la iglesia dominical, el ayuno y el servicio. Los cristianos pueden aplaudir a los mormones por su forma de vida. Sin embargo, como verás al leer este libro, aunque esos valores y prácticas parecen bíblicos, están impulsados por un motivo y una cosmovisión muy diferentes.

En el fondo, las prácticas SUD fluyen de un sistema que requiere ser digno para la salvación. Si bien estas prácticas pueden ser loables en sí mismas, representan un enfoque no bíblico de la vida porque están motivadas por una compulsión para ganar el favor de Dios en lugar de por un corazón de amor a Dios (*Si ustedes me aman, guardarán mis mandamientos* - Juan 14:15). En resumen, al leer este libro, verás muchos puntos de la doctrina SUD que claramente no son bíblicos, a pesar de la terminología familiar. También verás muchos aspectos del estilo de vida que reflejan valores bíblicos, pero que expresan una comprensión no bíblica de la vida y la salvación.

Escribimos este libro como un recurso para tres audiencias relacionadas. En primer lugar, queremos proporcionar un recurso para cualquier cristiano que esté interesado en comparar el mormonismo con el cristianismo histórico y bíblico. Este libro expone claramente esa comparación. En segundo lugar, queremos equipar a los cristianos que se encuentran con misioneros mormones. En estas páginas, los cristianos obtendrán el conocimiento y el discernimiento que necesitan para resistir las tácticas de conversión mormonas, y también estarán equipados para compartir el evangelio bíblico con esos misioneros. En tercer lugar, queremos animar a cualquier cristiano que conozca a los Santos de los Últimos Días, sean misioneros o no. La realidad es que cualquier mormón activo es probable que haya servido en una misión SUD, por lo que este libro ayudará a cualquier cristiano a ganar sabiduría y confianza para participar en conversaciones de fe significativas con vecinos y amigos SUD. Pocos cristianos se sienten motivados o equipados para esas conversaciones de fe, pero no tiene por qué ser así. Hace poco, yo (Ross) hablé con una mujer de un estado del cinturón bíblico sobre la posibilidad de aportar recursos a su iglesia para ayudar a sus miembros a entender el mormonismo y prepararlos para entablar conversaciones con los mormones. Ella estaba consternada porque la gente de su iglesia no estaba dispuesta a comprometerse con el creciente número de mormones que viven en su comunidad. Esta es una respuesta común. Los misioneros mormones pueden parecer seguros de sí mismos y bien preparados. Puede resultar intimidante hablar con ellos sobre nuestras creencias y las suyas. Es ahí donde este libro puede ayudar. Los misioneros SUD parecen imposibles de alcanzar con el evangelio. Los jóvenes misioneros SUD son adoctrinados en su causa. Su forma de pensar y actividades están estrictamente controladas. Sin embargo, hay razones para la esperanza. Más y más misioneros están escuchando las buenas nuevas de Jesús mientras están en sus misiones, de la misma gente que están tratando de alcanzar. Muchos de ellos están secretamente abiertos a lo que oyen. Puede que hasta que no regresan a casa y vuelven a un entorno menos estructurado no tengan libertad para procesar lo que han oído, pero las semillas sembradas durante una misión suelen dar fruto en etapas posteriores de la vida. Así lo demuestran los testimonios de los antiguos misioneros que han contribuido a este libro. Confiamos en que sus historias animen y motiven a los cristianos a comprometerse con los misioneros SUD, y a prepararse para hacerlo bien.

Este libro, sin embargo, no se trata sólo de aprender cómo responder a las afirmaciones de la verdad SUD. También modela cómo tratar a los misioneros (y a otros Santos de los Últimos Días) que se cruzan en nuestro camino. Muchos misioneros informan que la única interacción que tuvieron con cristianos creyentes en la Biblia durante sus misiones fue negativa. Fueron burlados, insultados, les daban la espalda y les gritaban, pero nunca les hablaban con gracia. Muchos misioneros mormones terminan su servicio misionero sin haber tenido nunca una conversación constructiva sobre la fe con un cristiano tradicional. Por eso es importante señalar que cada colaborador de este libro es un antiguo Santo de los Últimos Días que ha abrazado la fe cristiana bíblica. Podemos compartir de primera mano tanto el conocimiento como la experiencia necesarios para interactuar fructíferamente con los misioneros SUD.

La primera sección del libro aborda cuestiones generales que informan nuestras conversaciones con los Santos de los Últimos Días. Ross Anderson comienza explicando cómo la cultura SUD influye en la forma en que los mormones escuchan las buenas nuevas que compartimos con ellos. A continuación, Corey Miller explora el reto de compartir la verdad cuando los Santos de los Últimos Días buscan en la experiencia personal la máxima autoridad espiritual para sus creencias. Matt Wilder aumenta nuestra empatía compartiendo desde la experiencia personal una visión de lo que es la vida cotidiana de un misionero mormón.

La segunda parte del libro interactúa capítulo a capítulo con las cuatro lecciones del manual para misioneros SUD llamado *Preach My Gospel*.[1] Este manual aclara la enseñanza central del mormonismo[2] al explicar lo que los mormones quieren que los conversos potenciales entiendan y acepten. Cada misionero tiene una perspectiva única y enfatizará diferentes aspectos de cada lección, la Parte 2 es un recurso valioso para ti ya sea que hables con misioneros o con Santos de los Últimos Días en general. Debido a que cada uno de los cinco colaboradores

---

1   A partir de esta impresión, se ha publicado recientemente una 2ª edición de *Preach My Gospel* en formato digital en línea. Dado que nuestros autores terminaron su trabajo antes de esta nueva edición, se toman con frecuencia citas de la 1ª edición. Las notas a pie de página se refieren a la 1ª edición. Debido a que la 2ª edición combinó dos lecciones en una, y cambió el orden de los temas, en nuestros capítulos 8 y 9, citamos la segunda edición al responder a esa lección. La versión impresa de la 2ª edición no estará disponible hasta finales de 2023, por lo que las referencias harán referencia a la versión en línea, que se publica sin números de página. Esto ocurre en los capítulos 7 y 8.

2   Que el lector tenga en cuenta que la presentación de las creencias y prácticas SUD en la 2ª edición de *Preach My Gospel* es esencialmente la misma que en la 1ª edición. En la 2da edición, algunos términos se han hecho más contemporáneos, algunos temas aparecen en diferentes lugares en el bosquejo, y algunos temas se enfatizan más o menos que en la 1ra edición. Sin embargo, todo lo necesario para entender el mensaje del misionero mormón sigue siendo el mismo.

en esta sección sirvió en una misión proselitista para la Iglesia SUD, cada capítulo ofrece sabiduría práctica y comprobada sobre cómo compartir la verdad de Dios con los Santos de los Últimos Días con gentileza y respeto.

La versión estándar de la Biblia utilizada en este libro es la Reina Valera 1960. La Iglesia SUD utiliza oficialmente la versión Reina Valera 1960, por lo que las citas de fuentes SUD reflejarán ese uso. Sin embargo, la versión Reina Valera es difícil de leer para muchas personas, y el lenguaje poco familiar a menudo oscurece la claridad. Por otra parte, muchos mormones no están familiarizados o se sienten incómodos con las traducciones modernas. Por lo tanto, hemos adoptado la Versión Reina Valera como nuestra versión estándar de la Biblia en este libro.

Aunque la Iglesia de Jesucristo de los Santos de los Últimos Días se conoce comúnmente como Iglesia Mormona, los Santos de los Últimos Días prefieren el título oficial. Esto es incómodo tanto para el escritor como para el lector. Su forma abreviada preferida es «La Iglesia de Jesucristo», pero en nuestra mente, esto implica un estatus exclusivo que no podemos conceder. Como alternativa, nos referiremos a «la Iglesia SUD» en la mayoría de los casos. A veces, utilizaremos los términos «mormón» o «SUD» como adjetivos para referirnos a la Iglesia y a los elementos de la cultura que crea. También utilizaremos «mormón» como sustantivo para referirnos al pueblo en sí.

Aunque este es el enfoque común utilizado durante mucho tiempo por los principales medios de comunicación, y por la propia Iglesia SUD, la Iglesia SUD anunció en 2018 que el término «mormón» ya no es aceptable. Así, muchos Santos de los Últimos Días se oponen al término y consideran que promueve estereotipos negativos sobre ellos. Nuestro motivo no es etiquetar o marginar a los Santos de los Últimos Días, sino simplemente proporcionar una variación estilística en consonancia con el uso establecido desde hace mucho tiempo. No pretendemos ser irrespetuosos y nunca utilizamos esta terminología en sentido peyorativo. En la misma línea, en este volumen nos hemos esforzado por presentar los puntos de vista SUD con exactitud e imparcialidad y por representar el mormonismo tal y como se cree actualmente.

Capítulo 1

Entendiendo la cultura: El discernimiento de los mormones

Por Ross Anderson

Mantener conversaciones de fe con los Santos de los Últimos Días -misioneros o no- requiere una buena comprensión de los fundamentos del evangelio bíblico y de cómo la verdad bíblica se relaciona con las afirmaciones de los SUD. Los autores en este volumen proveen tal perspicacia al interactuar con las doctrinas centrales representadas en las lecciones misioneras SUD. Sin embargo, un factor importante para compartir las buenas nuevas de Dios con los mormones va más allá de la doctrina y la apologética. Para que las afirmaciones de la verdad bíblica aterricen en el alma de los Santos de los Últimos Días, nuestras conversaciones deben tener en cuenta la cultura mormona, cómo esta cultura moldea la identidad de los Santos de los Últimos Días, y la influencia que tiene en cómo los Santos de los Últimos Días escuchan y evalúan la verdad.

¿Qué es la cultura?

Todo ser humano está inmerso en una cultura. La cultura «incluye todas las formas en que las personas perciben y organizan los bienes materiales, las ideas y los valores; abarca las formas en que las personas interactúan en la sociedad, así como los sustitutos de una persona para Dios y Su revelación».[3] Nacidos y educados en nuestra propia cultura, puede que no seamos conscientes de cómo nos afecta. La mayoría de nosotros vemos nuestra propia cultura como normativa, por lo que la realidad cultural que experimentamos se convierte en realidad para nosotros. Los cristianos reflexivos se dan cuenta de que el Evangelio inmutable de Jesucristo toma forma en muchas expresiones diferentes en distintos entornos culturales de todo el mundo y a lo largo del tiempo. De hecho, Jesús nació en un entorno cultural particular que era muy diferente a las culturas de la mayoría de los seguidores de Cristo en la actualidad. He tenido el privilegio de adorar con seguidores de Cristo en varios países. Cada experiencia implica diferentes idiomas, música, formatos y lugares. Todos adorábamos al mismo Señor Jesucristo, pero cada situación refleja una cultura humana diferente.

El mormonismo como una identidad cultural

La Iglesia de Jesucristo de los Santos de los Últimos Días es una religión basada en un sistema de creencias único, pero los Santos de los Últimos Días no son sólo personas que creen ciertas cosas. Formada por una historia y una experiencia de vida comunes, la Iglesia de los Santos de los Últimos Días ha creado una cultura y una identidad únicas. Un estudioso de los Santos de los Últimos Días escribe que «los mormones siguen considerándose tanto un pueblo como una iglesia».[4] Basada

---

3   David J. Hesselgrave, *Communicating Christ Cross-Culturally* (Grand Rapids: Zondervan, 1991), 188.
4   Richard Lyman Bushman, *Mormonism: A Very Short Introduction* (New York: Oxford University Press, 2008), 102.

en creencias y una cosmovisión común, la cultura mormona toma forma de la misma manera que cualquier cultura. Los Santos de los Últimos Días comparten costumbres, valores y estilo de vida. Tienen un vocabulario y un folclore particular. Comparten rituales y prácticas distintivas. Tienen arte, arquitectura y música únicos. La cultura del mormonismo define la vida de su pueblo. Les enseña lo que es real, lo que importa, cómo manejar las situaciones de la vida y mucho más. Los mormones siempre saben lo que se espera de ellos debido a las normas de su cultura. (Esto incluye la expectativa de que los hombres jóvenes servirán como misioneros para la Iglesia SUD).

Las personas entran en la comunidad cultural SUD de dos maneras: por nacimiento o por conversión. Los conversos a la Iglesia SUD asumen su nueva identidad primero al abrazar el mensaje SUD y luego al adoptar el estilo de vida y los valores relacionados. Los nacidos en la Iglesia pasan por una serie de etapas o acontecimientos que refuerzan su identidad única, como el bautismo a los ocho años, la iniciación en el sacerdocio SUD (para los varones) a los doce, una bendición patriarcal especial en la adolescencia, el servicio en una misión como joven adulto y, finalmente, el matrimonio en el templo.

Incluso dentro de la unida cultura SUD, no todos los mormones son iguales. Por ejemplo, un miembro de la Iglesia SUD puede ser «activo» o «inactivo». Entre los mormones activos, algunos son «verdaderos creyentes» y otros son escépticos ocultos. Los miembros criados en la Iglesia son diferentes en muchos aspectos de los conversos. Los que viven en el corazón de la Iglesia SUD son diferentes de los que viven donde los mormones son una minoría. Los miembros más jóvenes viven las creencias y prácticas mormonas de forma diferente a los miembros de más edad. Diferentes segmentos de la población SUD definen el significado de su pertenencia a la iglesia de diferentes maneras, aunque siguen existiendo importantes elementos compartidos de una cultura común.

Con esto en mente, consideremos siete aspectos típicos de la cultura SUD:

1. Los Santos de los Últimos Días están muy orientados a la familia. Creen que las familias pueden estar juntas por toda la eternidad. De hecho, la familia es la unidad clave de la salvación eterna. Los valores familiares tradicionales son importantes, al igual que las prácticas centradas en la familia, como la noche de hogar semanal y las reuniones familiares.

2. La cultura SUD promueve el logro personal. Los mormones son típicamente autosuficientes, tienen una fuerte ética de trabajo, y son impulsados al progreso personal. Esto es moldeado por factores claves en la teología e historia SUD, pero también por la experiencia misionera. Los misioneros trabajan duro y siguen un régimen disciplinado.

3. Los mormones tienden a ser social y políticamente conservadores. La mayoría de los mormones estadounidenses son republicanos. Se diferencian de la norma de la sociedad estadounidense por ser más conservadores en cuestiones como el matrimonio, la ética sexual y el consumo de drogas ilegales.

4. Los mormones practican restricciones dietéticas únicas. Una política llamada Palabra de Sabiduría les diferencia de la mayoría de los estadounidenses al prohibir el consumo de alcohol, tabaco, café y té.

5. La historia y la herencia son muy importantes para los Santos de los Últimos Días. Se ven a sí mismos como parte de una importante narrativa sagrada. Sienten una fuerte conexión con sus antepasados.

6. Los mormones son ferozmente leales a su Iglesia y a sus líderes. En su opinión, la Iglesia SUD es la única verdadera

y viva sobre la tierra. Sus líderes son profetas divinamente designados, por lo que muestran una gran reverencia hacia sus profetas, tanto vivos como muertos. Cualquier crítica a sus líderes o a su Iglesia es vista como un ataque.

7. Los Santos de los Últimos Días pueden ser muy insulares. La mayoría de ellos no conoce a muchos no mormones. Como comunidad que lo abarca todo, el mormonismo satisface las necesidades sociales y relacionales de sus miembros y exige mucho de su tiempo y energía. Como resultado, los mormones rara vez están bien informados sobre otras religiones. A menudo ven a los miembros de otras iglesias como cristianos de «ligas menores». Quieren que los cristianos tradicionales vean su fe de forma positiva, y probablemente estén interesados en convertirte al mormonismo, aunque lo más probable es que esperen que ataques sus creencias. (Por cierto, una de las formas más comunes en que los Santos de los Últimos Días interactúan con los no mormones es en sus misiones. Esta es a menudo la única interacción sustancial que los mormones tendrán con los cristianos evangélicos. El modo en que les trates reforzará o romperá sus estereotipos sobre los cristianos).

Pronto consideraremos cómo los rasgos culturales del mormonismo afectan a nuestro testimonio ante ellos, pero antes, ampliemos la perspectiva y pensemos en cómo la cultura se relaciona con el compartir la fe en general.

El Evangelio inmutable en entornos cambiantes

La buena nueva de la gracia salvadora de Dios hacia la humanidad, expresada a través de la persona y la obra de Jesucristo, es universal e inmutable. Aparte de Cristo, todo ser humano está alejado de Dios y necesita la obra redentora de Jesús. Nadie es hecho justo con Dios excepto confiando en Cristo - Su vida perfecta, muerte, y resurrección de entre los muertos. Estos principios son válidos en cualquier entorno cultural.

Sin embargo, cuando Jesús dijo a sus seguidores que *hicieran discípulos de todas las naciones* (Mateo 28:18-20), inherente a esta comisión está el reconocimiento de que las personas con diferentes identidades nacionales escucharán la buena nueva a través de diferentes redes. Cada cultura humana tiene lo que considera formas normales y creíbles de comunicación.

Cada cultura tiene su propia manera de pensar sobre temas importantes como qué es verdad y qué no lo es (y cómo distinguirlo), la naturaleza y la situación de la humanidad, y la condición del mundo sobrenatural. Siempre que comuniquemos el Evangelio a través de una brecha cultural (grande o pequeña), debemos tener en cuenta la cultura de nuestra audiencia para que el mensaje sea realmente escuchado.

Este proceso se llama «contextualización». Un misionero cristiano académico lo describe así: «La idea de la contextualización es enmarcar el mensaje evangélico en un lenguaje y unas formas de comunicación apropiadas y significativas para la cultura local y centrar el mensaje en cuestiones cruciales para la vida de la gente».[5] El ejemplo más evidente es el uso de la lengua. Siempre que aprendemos un idioma para compartir el Evangelio con personas de otra nacionalidad, nos estamos adaptando a esa cultura. Esa es una forma obvia de contextualización, pero incluso si nuestra audiencia habla inglés, la sabiduría nos sugiere otras formas de tener en cuenta la cultura de una persona.

Esta práctica de contextualización tiene un precedente bíblico en el ministerio del apóstol Pablo. Hechos 13:16-42 relata la intervención de Pablo en una sinagoga judía de Antioquía de Pisidia. Comenzó con las escrituras judías y defendió su cumplimiento en Jesús como Mesías. Más tarde, en Hechos 14:8-20, Pablo se

---

5   Sherwood Lingenfelter, *Transforming Culture: A Challenge for Christian Mission*, 2da ed. (Grand Rapids: Baker, 1998), 12-13.

dirigió a un público rural pagano en Listra. No empezó citando las escrituras judías porque el Antiguo Testamento habría sido completamente ajeno a su audiencia. En su lugar, comenzó con algo que ellos habían experimentado: la bondad general de Dios en la creación. Luego, en Hechos 17:16-31, Pablo se dirigió a un sofisticado público pagano en la ciudad de Atenas. Empezó con su sentimiento religioso general, como se ve en su altar «al Dios desconocido», citando a sus propios autores para conectar con su pensamiento. A partir de ahí, tendió un puente hacia Jesús y su resurrección. Pablo utilizó un enfoque diferente en cada uno de estos tres ejemplos. Sabiamente, se comunicó de forma adecuada a cada entorno cultural específico.

Pablo comprendió que cuando hablamos a otros de Jesucristo, de quién es Él y de lo que ha hecho, debemos discernir sobre la cultura de nuestra audiencia. Debemos pensar en cómo iniciar la conversación, las formas de comunicación y persuasión debemos utilizar. Esto se aplica tanto si hablamos con Santos de los Últimos Días como con cualquier otra persona. Al menos en parte, nuestras declaraciones estarán dictadas por su cultura.

Compartiendo el Evangelio con la cultura SUD

Tradicionalmente, los cristianos se han dirigido a los Santos de los Últimos Días sin pensar demasiado en la identidad cultural SUD. Hemos enfatizado la doctrina comparativa, que es de vital importancia, pero no hemos prestado mucha atención a los factores culturales que influyen fuertemente en cómo se escucha nuestro mensaje. La mayoría de los mormones no se unieron a la Iglesia SUD por consideraciones doctrinales. Una gran cantidad se hizo Santo de los Últimos Días porque nació en esa cultura. Otros se unieron por razones emocionales y relacionales. Cuando limitamos nuestro testimonio a la mera comparación de las afirmaciones de la verdad, ignoramos gran parte de lo que importa a los propios mormones. Exploremos entonces algunos ejemplos específicos de cómo los rasgos culturales de los Santos de los Últimos Días pueden afectar la forma en que compartimos nuestra fe con ellos.

Para empezar, los Santos de los Últimos Días determinan la verdad por la experiencia. Se les enseña a buscar una experiencia espiritual como la forma definitiva de validar sus creencias o de confirmar un curso de acción. Como se explica en el capítulo 2, esta experiencia subjetiva triunfa sobre los hechos objetivos y los argumentos racionales. En respuesta, la sabiduría sugiere que debemos compartir la verdad utilizando el lenguaje de la experiencia. Por ejemplo, mi amigo SUD y yo podríamos debatir largo y tendido sobre la doctrina de la Trinidad, pero no quiero dejar la conversación sólo en el plano de las ideas contrapuestas. También quiero comunicar el impacto emocional de esa verdad en mi experiencia. Podría explicar que cuando pienso en un Dios que está tan por encima de mi comprensión, siento una profunda admiración. Me siento impulsado a inclinarme con humildad y ofrecer una profunda adoración a este Ser infinito.

Los Santos de los Últimos Días también son muy sensibles a la percepción de persecución. Recordando los agravios cometidos hace generaciones contra sus antepasados, se ven a sí mismos como una minoría maltratada. Por lo tanto, cualquier crítica, incluso un desacuerdo leve, puede interpretarse como un ataque contra ellos y su fe. Creo que los misioneros SUD son particularmente propensos a este complejo de persecución porque se destacan como un blanco fácil y experimentan mucho rechazo. En mis conversaciones con mormones, intento mantener la calma y ser civilizado, evitando cualquier tono de voz que suene agresivo o desagradable. Intento tratar a los misioneros con amabilidad y generosidad.

El mormonismo crea un sentido de comunidad muy unido, moldeado por la experiencia temprana de los Santos de los

Últimos Días como sociedad contracultural. Durante décadas, la estrategia de la Iglesia SUD consistió en reunir a los conversos en una «Sion» centralizada en la que convivían aislados de los no mormones, en lugar de dejarlos en los entornos sociales en los que se habían convertido. Esto ha creado una fuerte identidad social y sentido de pertenencia. Cuando hablo con los mormones sobre Jesús, siempre soy consciente del difícil reto que encontrarán si dejan atrás su comunidad y familia para adoptar una fe bíblica.

La mayoría de las iglesias cristianas tienen algún tipo de declaración de fe que detalla las creencias básicas en un esquema ordenado. En el mormonismo, sin embargo, la verdad se estructura en términos de historias. Los Santos de los Últimos Días aprenden los preceptos básicos de su fe volviendo a contar historias fundamentales que ilustran verdades importantes. Por ejemplo, la idea de que Dios Padre tiene un cuerpo, y la noción relacionada de que es un ser distinto de Jesús, están arraigadas en la historia de la «Primera Visión», el encuentro inicial de José Smith con Dios.

La importancia de los relatos en la fe SUD nos invita a compartir la verdad de Dios también en forma de relato. Al fin y al cabo, la propia Biblia es una narración, no un libro de texto de teología sistemática.

Permíteme sugerirte tres maneras de adaptar el mensaje a este enfoque narrativo. Primero, abre la Biblia con tu amigo SUD y lean historias de la vida de Jesús, explorando las implicaciones de lo que Jesús dijo y cómo actuó. En segundo lugar, aprende a compartir el Evangelio como la gran historia de Dios en lugar de una serie de afirmaciones lógicas. La historia comienza con la buena creación de Dios, seguida de la caída de la humanidad en el pecado. Luego pasa a la obra redentora de Dios al enviar a un Salvador, y llega a su clímax en la futura renovación final de todas las cosas. En tercer lugar, piensa en formas de expresar tu propia historia de la obra de Dios en tu vida, no sólo en la salvación, sino también en su guía, cuidado y provisión continuos.

Por último, el mormonismo está impulsado por la actividad, no por la teología. Es una religión práctica, vivida. La mayoría de los Santos de los Últimos Días no están muy interesados en debates sobre Dios o la eternidad. Los misioneros pueden ser una excepción porque su trabajo de tiempo completo es tener conversaciones de fe, pero en general, los mormones están interesados en cómo vivir su fe. Esto crea oportunidades para conversaciones fructíferas porque el estilo de vida SUD es desafiante. Los mormones están en una búsqueda continua para demostrar que son dignos de obedecer cientos de mandamientos bíblicos *y* extra-bíblicos en la vida cotidiana. La cultura SUD crea una tremenda presión para ser perfecto - o al menos para proyectar una imagen SUD de perfección. El énfasis en el logro puede ser agotador y fulminante. Me parece más fructífero alejar las conversaciones sobre el Evangelio de los temas teológicos abstractos y dirigirlas hacia la necesidad personal que sienten muchos Santos de los Últimos Días de encontrar alivio a esta presión.

Algunos Santos de los Últimos Días creen que están viviendo de acuerdo con las normas, pero muchos saben que se quedan cortos. Necesitan experimentar la gracia. Cuando las ruedas se salen de sus vidas, no es probable que se dirijan a otros Santos de los Últimos Días en busca de aliento. Hacerlo revelaría su debilidad y los expondría a la falta de respeto y al chisme. Sin embargo, a menudo acudirán a un amigo cristiano de confianza que les ofrezca aceptación incondicional. Debido a que los misioneros SUD trabajan en parejas, este tipo de vulnerabilidad es poco probable - al menos mientras están en su misión. Pero a medida que inviertes en la construcción de una amistad con el Santo de los Últimos Días en tu vecindario o lugar de trabajo, podrías ser esa persona de confianza en el momento adecuado. En los capítulos que siguen, aprenderás mucho acerca de las creencias y afirmaciones de los Santos de los Últimos Días, así como la manera de responder a ellas con la verdad bíblica. Pero ya sea que encuentres misioneros en tu puerta o amigos Santos de los Últimos Días en tu vida diaria, entender la cultura SUD te ayudará a discernir cómo compartir las buenas nuevas de Jesús de maneras que suenen como buenas nuevas para ellos.

✶ ✶ ✶ ✶

Ross Anderson, DMin, nació en Utah y creció dentro en la Iglesia de los Santos de los Últimos Días. Tras abandonar el mormonismo de joven, obtuvo un máster en Divinidad y un doctorado en Ministerio. Anderson ha sido fundador de iglesias y pastor en Utah durante cuatro décadas. Enseñó en el Seminario Teológico de Salt Lake y fue director de plantación de iglesias de la denominación en la región. Ross es actualmente pastor docente en la Iglesia de Alpine. Es director ejecutivo de Utah Advance Ministries y fundador del proyecto Faith after Mormonism y del podcast *Culture-Wise*. Ross es autor de *Understanding the Book of Mormon*, *Understanding Your Mormon Neighbor* y *Jesus without Joseph* – una guía de studio para antiguos mormones. Él y su esposa, Sally, son padres de cinco hijos adultos.

Parte 1

Conozca a los mormones

Capítulo 2

Autoridad mormona: El testimonio y las escrituras mormonas

Por Corey Miller

«Para nosotros, la autoridad lo es todo», bromeó Robert Millet, uno de los profesores más influyentes de la Universidad Brigham Young, la escuela insignia de «la Iglesia».[6] La Iglesia de Jesucristo de los Santos de los Últimos Días (a sus miembros se les suele llamar «SUD» o «mormones») afirma ser la única iglesia verdadera. Dicen que es la única iglesia o movimiento de Dios vivo en la actualidad con la debida autoridad sacerdotal como representante de Dios en la tierra. Pero ¿qué quiere decir el Dr. Millet? Desde su origen y gobierno corporativo hasta la convicción fundamentada individualmente, la autoridad está omnipresente en todos los estratos de la vida SUD. La religión mormona depende de dos supuestos necesarios y conjuntamente suficientes, sin los cuales no puede despegar del asfalto. Primero, afirman que hubo una «apostasía

---

6   Robert Millet, "Authority Is Everything," en *Talking Doctrine: Mormons and Evangelicals in Conversation*, eds. Richard Mouw y Robert Millet (Downers Grove: InterVarsity Press, 2015), 170-176.

total» de la verdad en el primer siglo. Esto no significa que no hubiera adherentes profesándose como «cristianos», sino que, con la muerte del último apóstol, la autoridad sacerdotal para funcionar fue removida. Segundo, hubo una «restauración» de esta autoridad a través de «El Profeta», José Smith.

Tres niveles de autoridad operan dentro del mormonismo. Centraremos nuestra exploración en uno -el nivel personal. Los otros dos sólo se mencionarán brevemente, sobre todo porque se tratan en otra parte y porque la mayoría de los autores simplemente no cubren este tercer nivel a pesar de su importancia central para la psique mormona. Este tercer elemento no sólo crea un obstáculo a la hora de compartir el evangelio con los mormones, sino que la mayoría de los autores cristianos dedican muy poco tiempo a abordarlo, a pesar de que quizá sea el más pertinente para el enfoque utilizado por los misioneros para ganar conversos. El primer nivel de autoridad en el mormonismo es el papel de los profetas modernos. Como suele ocurrir, la Iglesia SUD saca de contexto versículos bíblicos para afirmar que la verdadera iglesia debe tener profetas y apóstoles vivos que guíen al pueblo de Dios. Desde la muerte de José Smith en 1844, surgieron numerosos grupos disidentes, cada uno con su propia figura de autoridad profética. El cuerpo principal tiene su sede en Salt Lake City, Utah, y actualmente está dirigido por un profeta vivo. De hecho, el profeta viviente y sus doce apóstoles son el órgano de gobierno al que la Iglesia de dieciséis millones de miembros acude en busca de una voz autorizada.

El segundo nivel de autoridad es la Escritura, conocida colectivamente como las Obras Estándar. Mientras que los cristianos ven las Escrituras como la Biblia y sólo la Biblia, las «Escrituras» SUD incluyen la versión Reina Valera de la Biblia, y también el Libro de Mormón, Doctrina y Convenios, y la Perla de Gran Precio. Aunque aceptan los sesenta y seis libros históricos de la Biblia como fidedignos, minimizan la fiabilidad del texto bíblico y, por tanto, su autoridad. José Smith escribió el Octavo Artículo de Fe, que afirma que la Biblia es verdadera sólo en la medida en que se traduce correctamente.[7] La implicación es obvia. Pero no importa, porque ellos creen que tienen profetas vivos y otras escrituras.

La Iglesia SUD cree que Smith tradujo el Libro de Mormón - un libro supuestamente sobre la historia de dos grupos de personas en la América antigua: los Nefitas y los Lamanitas. Contiene la totalidad del «evangelio» y describe cómo Jesús visitó a estos pueblos después de su resurrección. Los mormones afirman que el Libro de Mormón es otro testamento de Jesucristo, mientras que los cristianos creen que es un testamento de otro «Jesucristo». Doctrina y Convenios contiene supuestas revelaciones dadas a Smith, junto con algunas otras dadas a otros profetas de los últimos días, pero casi todas anteriores al siglo XX. Por último, la Perla de Gran Precio contiene otros libros como los de Moisés, Abraham y algunos escritos supuestamente inspirados por José Smith. Famosamente, contiene una visión de la creación y el consejo de los dioses - una alusión al politeísmo, que parece inconsistente con el Libro de Mormón. Sin embargo, el politeísmo es plenamente coherente con la enseñanza mormona desde la teología tardía de Smith hasta la actualidad.

El tercer nivel de autoridad en la Iglesia SUD es personal. Aunque no es una doctrina esencial, sí lo es para el diálogo. Uno podría esperar que la autoridad última recayera en el profeta o en las escrituras, pero para el mormón promedio, el testimonio personal es en última instancia la autoridad. Esto permite una especie de disonancia cognitiva que les permite aceptar contradicciones en sus escrituras y entre sus profetas mientras mantienen la fe. Esto debe ser abordado.

La existencia de todas estas autoridades contrapuestas dificulta el establecimiento de una teología sistematizada, tanto

---

7   Artículos de Fe 8, en La Perla de Gran Precio (Salt Lake City: The Church of Jesus Christ of Latter-day Saints, 2013).

para el mormón como para el cristiano que intenta envolverse con él. James Faulconer, antiguo jefe del departamento de filosofía de la BYU, dijo:

> Para un Santo de los Últimos Días, una teología siempre corre el peligro de perder sentido porque siempre puede ser deshecha por una nueva revelación. . . . [Al] hablar en nombre de Dios, [el Profeta] puede revocar cualquier creencia o práctica particular en cualquier momento, o puede instituir una nueva, y puede hacer esas cosas sin preocuparse de cómo hacer que su pronunciamiento sea racionalmente coherente con pronunciamientos o prácticas anteriores.[8]

Sin embargo, los cristianos que aman la Biblia pueden alegrarse de tener la revelación completa y definitiva de Dios en Su Palabra, que no cambiará. Es una base firme sobre la que construir nuestras vidas y sobre la que invitar a otros a hacer lo mismo.

Profundizando en el testimonio mormón

«Les doy mi testimonio. Sé que José Smith es un profeta de Dios. Sé que el Libro de Mormón es la palabra de Dios. Y sé que la Iglesia de Jesucristo de los Santos de los Últimos Días es la única iglesia verdadera».

Cualquiera que haya hablado largo y tendido con misioneros mormones es probable que haya oído una versión de esta expresión, a la que se hace referencia simplemente como «el testimonio». A menudo es seguida por un desafío al «investigador» de orar sinceramente y pedirle a Dios que de igual manera le dé un

---

8   James Faulconer, "Why a Mormon Won't Drink Coffee but Might Have a Coke: The Atheological Character of the Church of Jesus Christ of Latter-day Saints" (discurso, BYU, Provo, UT, marzo 19, 2003). Citado en Travis Kerns, *The Saints of Zion* (Nashville: B&H Academic, 2018), 20.

conocimiento testimonial de la verdad del mormonismo (basado en una promesa hecha en el Libro de Mormón en Moroni 10:4). Uno puede esperar encontrarse con esto numerosas veces durante una discusión con misioneros. A menudo, el testimonio se pronuncia con tal tenacidad expresiva que uno podría estar tentado de confundirlo con la verdad. Como mínimo, los cristianos suelen quedarse perplejos sobre cómo responder.

Demasiados cristianos se alejan de las conversaciones espirituales con mormones desanimados por el hecho de que los mormones parecen poco receptivos a todos los grandes hechos y argumentos lógicos que utilizan los cristianos, pero en cambio insisten en aferrarse a su testimonio. A pesar de su importancia, los hechos no siempre cambian las mentes. Por el contrario, necesitamos que nuestros amigos mormones comiencen primero a dudar de su testimonio antes de que puedan creer la verdad que compartimos. La mejor manera de hacerlo es mediante la ilustración imaginativa y la formulación de preguntas. Después de crear cuidadosa y reflexivamente un lugar de duda, podemos hacer uso de su alta estima por el conocimiento testimonial desplegando nuestro propio testimonio personal junto con el poderoso testimonio objetivo de la Biblia.

Antes de exponer el enfoque estratégico, debemos recordar algunas cosas. En primer lugar, aunque el enfoque mormón del testimonio es problemático, no tenemos por qué descartar el valor del testimonio personal como forma legítima de conocimiento. Utilizamos y confiamos en las pruebas testimoniales con bastante regularidad, desde los testigos expertos en los tribunales hasta preguntar a alguien por una dirección. Hay tanto precedentes bíblicos como poder retórico en compartir nuestros propios testimonios cristianos. En segundo lugar, como una forma de encontrar un terreno común, debemos elogiar inicialmente (en lugar de atacar o desestimar) a los miembros SUD que están dando su testimonio. Podemos decir algo como:

«Puedo ver que sostienes esas creencias muy sinceramente» o «Gracias por compartir eso conmigo». Mencionar el acuerdo antes que el desacuerdo ayuda a nuestros amigos mormones a sentirse receptivos en lugar de a la defensiva. En tercer lugar, debemos tratar de utilizar preguntas y respuestas (en lugar de un ataque frontal directo) con el fin de involucrar, evaluar y, en última instancia, provocar la duda psicológica en el testimonio del mormón. Hacer preguntas que inciten a la reflexión ayuda a fomentar la reflexión en lugar de la desviación.

A menudo se persuade mejor a la gente cuando llega a conclusiones por sí misma en lugar de ser dirigida a ellas por otros. La mayoría de los miembros activos de la Iglesia SUD se consideran depositarios de la verdad religiosa. Muchos son antiguos misioneros y están acostumbrados a estar en el papel de maestro en las conversaciones sobre su fe. Permite que se imaginen que ellos están enseñando, haciéndoles preguntas, y luego dirígelos a la verdad.

Cuarto, dada la influencia hipnótica que tiene el testimonio SUD, avanzaremos poco en la discusión de otros asuntos esenciales como Dios y la salvación si no socavamos primero la confianza en su testimonio.

La Biblia subraya el valor del testimonio cuando se utiliza adecuadamente. *El Espíritu mismo da testimonio a nuestro espíritu, de que somos hijos de Dios* (Ro. 8:16). En 1 Juan 5:9-13, el testimonio de nuestra seguridad de la vida eterna se denota como una especie de conocimiento. Jesús dice que la vida eterna consiste en conocer a Dios (Juan 17:3). Considerando al Espíritu Santo en la vida del creyente del Nuevo Testamento (Juan 14-16), se espera que uno sepa experimentalmente (no meramente intelectualmente) que Dios está presente en independiente del mundo que Él creó. Así que, como cristiano, es bueno sentir que tu fe es verdadera, y puede ser poderoso hablar de tu experiencia a los demás - especialmente cuando la experiencia personal es el lenguaje que entienden los mormones.

El problema intuitivo que mucha gente tiene con el testimonio como forma de conocimiento es que parece demasiado subjetivo. Si yo tengo un testimonio y tú tienes otro diferente, ¿no se excluyen mutuamente? ¿Cómo podemos saber qué es verdad ante «pruebas» contradictorias? El problema con esta objeción es que no todas las pruebas son iguales. Las pruebas deben sopesarse más que contarse. La evidencia subjetiva debe alinearse con la revelación objetiva de la Palabra de Dios. Si las creencias de una persona contradicen verdades conocidas, entonces esas creencias serían falsas. Por lo tanto, sólo son problemáticos los informes testimoniales que contradicen la verdad o que no pueden apoyarse en pruebas.

Comprendiendo el testimonio mormón

Los cristianos a veces se sienten desconcertados después de presentar lo que consideran argumentos de peso contra el mormonismo, sólo para oír al mormón redoblar la apuesta sobre cómo saben que es verdad a pesar de todo, como si dijeran: «No importan los hechos; tengo un presentimiento». Los miembros SUD aspiran tanto a ganar como a «dar testimonio» (es decir, una declaración pública personalizada y profundamente sentida). Lo despliegan en defensa cuando se ven acorralados, o en ataque para impactar a un investigador. Una selección de citas de autoridades SUD ayuda a comprender la importancia del testimonio. El apóstol Boyd K. Packer dijo: «Un testimonio se encuentra en el hecho de darlo. En algún lugar de tu búsqueda del conocimiento espiritual, está ese "salto de fe", como lo llaman los filósofos».[9] Sorprendentemente, la forma en que algunas personas descubren o adquieren un testimonio es simplemente repitiendo el mantra. En otro lugar, Packer revela la naturaleza del testimonio: «Da testimonio de las cosas que esperas que sean verdad, como un acto de fe».[10]

---

9   Boyd K. Packer, *That All May Be Edified* (Bookcraft, 1982), 340.
10   Packer, "The Candle of the Lord," [Lámpara de Jehová)] *Ensign*, January 1983, 55.

Doctrina y Convenios 9:8-9 describe el testimonio como un «ardor en el pecho», que el apóstol SUD Dallin Oaks definió como «un sentimiento de consuelo y serenidad».[11] Otro líder SUD anima a su uso en la evangelización: «Los sentimientos sinceros transmitidos de corazón a corazón por medio del testimonio convierten a la gente a la verdad donde las declaraciones débiles, insípidas y argumentativas no lo harán».[12] En este libro, interactuamos con el manual misionero oficial de la Iglesia SUD, llamado *Predicad Mi Evangelio*, que proclama: «Para saber que el Libro de Mormón es verdadero, una persona debe leerlo, meditarlo y orar al respecto. El buscador honesto de la verdad pronto llegará a sentir que el Libro de Mormón es la palabra de Dios».[13] Otro profeta SUD advirtió que no dar testimonio con frecuencia puede resultar en una pérdida de puntos de mérito hacia la meta celestial.[14]

Parece que cuanto más expresivamente se cuenta el testimonio, más verdadero resulta de alguna manera.

Allanando el camino a la verdad

Dado el dominio que el testimonio ejerce sobre los mormones, es importante socavar la confianza en él para abrir nuevas posibilidades. ¿Cómo lo hacemos?

Me resulta útil utilizar la ilustración de una «rueda de reconocimiento policial». En una línea de reconocimiento policial, el sospechoso de un delito se sitúa junto a varias personas de estatura, complexión y tez similares, de cara al testigo, que está

---

11 Dallin Oaks, "Teaching and Learning by the Spirit," *Ensign*, March 1997, 13.

12 Gene R. Cook, "Are You a Member Missionary?" *Ensign*, May 1976, 103.

13 *Preach My Gospel: A Guide to Missionary Service* [Predicad mi Evangelio: Una guía para el servicio missional] (The Church of Jesus Christ of Latter-day Saints, 2019), 38.

14 El profeta SUD Spencer W. Kimball escribe: «Mensualmente se celebran reuniones de testimonio donde cada uno tiene la oportunidad de dar testimonio. Pasar por alto tales oportunidades es dejar de acumular créditos contra los errores y transgresiones acumulados». Véase *The Miracle of Forgiveness* (Salt Lake City: Bookcraft, 1969), 205.

detrás de un espejo unidireccional. El testigo debe identificar al verdadero culpable en contraste con los meros parecidos, que son eliminados en el proceso. Empiezo así:

Estoy considerando el testimonio del mormonismo, que afirma ser la verdadera representación de Dios. Pero ¿cuál mormonismo? Entiendo que, desde la muerte de José Smith, ha habido y sigue habiendo numerosas sectas que compiten entre sí para alinearse y examinar, todos cuyos testimonios están en desacuerdo. Sólo una puede ser la correcta. ¿Cuál iglesia es la única verdadera? Es decir, de todas las que afirman ser la única iglesia verdadera, ¿cuál es la verdadera y única iglesia?

El mormonismo puede parecer uniforme, pero en realidad existen docenas de grupos disidentes mormones contemporáneos. La Iglesia SUD, con sede en Salt Lake City, suele ser en la que la gente piensa al oír el término «mormón», pero no es la única. La mayoría de los mormones lo saben, aunque ignoren cuántas sectas rivales existen entre los cientos que han existido desde su fundación. Cada secta está totalmente cargada de sus propios profetas y apóstoles que afirman tener la verdadera «Restauración», excluyendo a todas las demás. Además, todas afirman haber recibido un testimonio sobre la veracidad del Libro de Mormón y su versión autorizada y restaurada del mormonismo, al que asisten con grandes sentimientos de calidez y serenidad.

Al aventurarse en esta dirección, el mormón puede sentir familiaridad con la «historia de origen» SUD - cuando José Smith fue a la «Arboleda Sagrada» para preguntar a Dios a cuál de las diferentes iglesias protestantes unirse. Muchos misioneros SUD contarán esta historia a la gente en su primera discusión misionera. A menudo señalan que la multiplicidad de denominaciones eclesiásticas existentes en la actualidad es confusa. Por lo tanto, argumentan, necesitamos la revelación moderna a través de un profeta vivo para guiarnos a través de la confusión.

La ilustración de las líneas de policías invierte los roles para que sea el mormón el que esté en la evaluación, por así decirlo, cuando le señalamos la diversidad de su propio movimiento y cuestionamos la fiabilidad de sus testimonios frente a los de los demás. Es retóricamente poderoso porque estamos utilizando el «mormonés» -el lenguaje de la experiencia- y subvirtiendo su mal uso del testimonio mientras nos preparamos para utilizar nuestro propio testimonio adecuadamente (el testimonio de un cristiano es igualmente subjetivo, pero corresponde al testimonio objetivo de las Escrituras, que es históricamente fiable). El objetivo es socavar la confianza del mormón en su testimonio únicamente subjetivo, de modo que cada vez que considere sostenerlo en el futuro, no podrá sentirse seguro dado el residuo de duda. Estarán más abiertos a considerar otras cosas.

He aquí otra forma de ilustrar el problema del testimonio subjetivo. Supongamos que quieres preguntar a cuál de las sectas mormonas deberías unirte. Sólo tienes que nombrar algunas. La Iglesia de Jesucristo de los Santos de los Últimos Días (SUD) es la más grande; otras incluyen la Iglesia Fundamentalista de Jesucristo de los Santos de los Últimos Días (FLDS) y los Hermanos Apostólicos Unidos (AUB). Pide a tu amigo que imagine que reúnes a un representante de cada uno en una sala para que te dé su testimonio. La Arboleda Sagrada se recolecta de nuevo.

¿Cómo podría un investigador decidir cuál de estas sectas mormonas es verdadera? Lógicamente, puesto que cada una contradice a las demás, en el mejor de los casos sólo una puede ser verdadera y todas las demás falsas. En el peor de los casos, todas son falsas. Invocando de nuevo la imaginación a través de la ilustración, uno podría preguntarse:

Supongamos que me encuentro ante una alineación de varias sectas de mormones, cada una con su propio conjunto de profetas y apóstoles que dan testimonio. ¿Cómo podría determinar cuál es la verdadera? ¿Cómo sabe que su iglesia es la verdadera y no otra? Tal y como yo lo veo, tienes varias opciones. O puedes juzgar sus corazones como mentirosos o personas falsas, o puedes afirmar que, aunque sinceros, están de alguna manera engañados por un espíritu mentiroso. ¿Por cuál optas ya que debes asumir que tu propio testimonio es verdadero: los demás son falsos y mentirosos, o están sinceramente engañados?

Lo más probable es que elijan la segunda opción. Sigue sondeando.

¿Cómo sabe que no es usted quien está sinceramente engañado en su testimonio cuando sectas mormonas que compiten entre sí dan testimonio de un sentimiento igualmente fuerte de paz y serenidad? Me parece que no se puede confiar en un testimonio subjetivo como único criterio para determinar lo que es verdad. El apóstol Pablo advierte que es posible ser engañado por Satanás disfrazado de ángel (por ejemplo, 2 Corintios 11:14; Gálatas 1:6-9).

Si el mormonismo enseña un dios diferente o un medio de salvación diferente que contradice la Biblia, entonces los cristianos bíblicos no deben orar más sobre este asunto, como orar sobre si debemos asesinar; Dios ya ha hablado. Así pues, aunque el conocimiento de Dios puede transmitirse a través del testimonio, no es prudente confiar únicamente en el testimonio subjetivo, sobre todo si nuestra eternidad pende de un hilo. ¿Está de acuerdo?

Compartiendo el propio testimonio cristiano

Presenta el Evangelio. Intenta comunicar lo esencial, como que Dios es el santo Creador, que el hombre está separado por el pecado y merece la ira, que Cristo asumió nuestro castigo y que nuestra responsabilidad es arrepentirnos y confiar únicamente en la obra de Cristo para recibir el perdón.

Después de haber plantado semillas de duda, de haber socavado el testimonio del mormón y de haber compartido tenazmente el evangelio, concluyo dando mi testimonio con la declaración más explícita de las Escrituras que pone a prueba la legitimidad de un testimonio. Hablando con tenacidad emocional, digo: «Testifico que: en Jesucristo, y sólo en Él, tengo vida eterna y estaré con el Padre Celestial por toda la eternidad. Me gustaría compartir las Escrituras que explícitamente detallan un testimonio verdadero que es conocimiento divinamente aprobado».

Entonces los llevo directamente a 1 Juan 5:9-13 (NVI, énfasis añadido):

> Aceptamos el **testimonio** humano, pero el **testimonio** de Dios vale mucho más, porque es el **testimonio** que él mismo ha dado acerca de su Hijo. El que cree en el Hijo de Dios acepta este **testimonio**. El que no cree a Dios lo hace pasar por mentiroso, por no haber creído el **testimonio** que Dios ha dado acerca de su Hijo. Y el **testimonio** es este: que Dios nos ha dado vida eterna y esa vida está en su Hijo. El que tiene al Hijo, tiene la vida; el que no tiene al Hijo de Dios, no tiene la vida. Escribo estas cosas a ustedes que creen en el nombre del Hijo de Dios, para que **sepan** que tienen vida eterna.

Y entonces pregunto:

¿Tienes este testimonio? Si murieras hoy, ¿sabes que experimentarías la vida eterna con el Padre Celestial? Si no, ¿es Dios un mentiroso? Yo sé que tengo vida eterna porque confío solamente en la obra de Cristo, haciendo buenas obras en respuesta agradecida a la salvación que tengo únicamente por los méritos de Cristo. Lo sé tanto por el Espíritu Santo como por el testimonio de las Escrituras. El mormonismo no ofrece la confianza que tiene mi testimonio, ni está en armonía con el testimonio de Dios. Él dice que *quien tiene al Hijo* puede *saber* que la vida eterna con su Padre Celestial está asegurada.

¡Qué maravillosa promesa para tener y compartir!

* * * *

Corey Miller, PhD, nació en Utah como mormón de séptima generación. Su antepasado era polígamo y uno de los guardaespaldas de José Smith. Miller es presidente y director general de Ratio Christi (ratiochristi.org), un ministerio de evangelización apologética en 150 campus universitarios. Tiene cuatro títulos de posgrado y ha impartido casi cien cursos universitarios de filosofía y religión, incluso en las universidades de Indiana y Purdue. Es autor de *Is Faith in God Reasonable: Debates in Philosophy, Science, and Rhetoric*; *Leaving Mormonism: Why Four Scholars Changed Their Minds*; *In Search of the Good Life: Through the Eyes of Aristotle, Maimonides, and Aquinas*; y *Engaging with Mormons*. Vive con su familia en Indiana.

Capítulo 3

Un recorrido por la experiencia misionera

Por Matt Wilder

M uchas personas han muerto intentando escalar el Everest. Un hombre se negó a abandonar su intento de cumbre cuando las probabilidades estaban claramente en su contra. Ascendiendo a paso de tortuga por la «zona de muerte» (más de ocho mil metros de altitud) era una receta para el desastre. Cada respiración era una lucha mientras la ceguera de la nieve, congelación, agotamiento, hipotermia y la hipoxemia se iban instalando. Este hombre pronto se uniría al cementerio de cadáveres congelados y expuestos que pueblan el elevado paisaje del Everest. Consumido por la ambición y el orgullo de alcanzar la cima, hizo caso omiso de quienes le advertían que diera la vuelta, y pronto murió.

Las probabilidades de ascender al cielo, la cima de la montaña de Dios de la vida eterna, a través de nuestros propios esfuerzos son imposibles. Intenté abrirme camino hacia Dios y Su perdón a través de reglas, rituales y reglamentos extra-bíblicos, mientras buscaba la aprobación, la absolución y la gloria de los hombres. Este es el duro e implacable terreno montañoso de la religión basada en las obras, que causa agotamiento y ceguera. Yo estaba jadeando por el oxígeno vital de la verdadera Palabra de Dios, pero en su lugar recibí la dolorosa congelación de la paga del pecado.

Preparándose para una misión mormona

Servir una misión de dos años era una parte necesaria de mi intento de cumbre SUD. Es un mandamiento para los varones de dieciocho años en la religión. El presidente Spencer W. Kimball dijo en 1973: «Todo joven y muchas jovencitas, así como parejas deben servir en misiones. Todo futuro misionero debe prepararse moral, espiritual, mental y financieramente toda su vida para servir fiel y eficientemente en el gran programa de la obra misional».[15] Para un varón mormón de Utah, servir en una misión a tiempo completo para la Iglesia de Jesucristo de los Santos de los Últimos Días es un rito de iniciación. Los amigos, la familia y la iglesia local esperan que complete con éxito este esfuerzo de dos años. Hacerlo es una insignia de honor.

Después de años de preparación y entrevistas eclesiásticas, se me consideró digno de servir en una misión para la Iglesia Mormona. Durante mi primer año en BYU, mis papeles para la misión (formulario de solicitud para candidatos a misioneros) fueron enviados a la sede de la Iglesia en Salt Lake City, Utah. Los dirigentes decidirían dónde iba a prestar servicio durante los próximos dos años. Esperé ansiosamente durante meses. Cuando la llamada oficial a la misión llegó por correo, mi familia se reunió para celebrar dónde me habían llamado a servir: Dinamarca.

Los misioneros SUD son los héroes de la fe, comisionados, apartados, ungidos y designados para predicar su evangelio al mundo. En la escuela dominical, los niños cantan canciones

---

15   Spencer W. Kimball, "Advice to a Young Man: Now Is the Time to Prepare," *New Era*, junio 1973, 9.

sobre unirse algún día a las filas del ejército especial de Dios: «Espero que me llamen a una misión...». Una misión mormona ha sido acuñada como los «dos mejores años» de la vida. A las jóvenes SUD se les anima a casarse con misioneros que han completado fielmente este servicio de dos años. Ahora estaría uniéndome al ejército de Dios y cosechando todos sus beneficios.

Campo de entrenamiento misionero

Además de las expectativas y presiones religiosas y culturales para ir a una misión, también tenía un celo personal y un deseo sincero de ir. Creía que estaría haciendo la obra de Dios. Pero no era una tarea para tomarse a la ligera. El presidente Thomas S. Monson enseñó: «La obra misionera es difícil. Exige energía y pone a prueba la capacidad personal, exige el mejor esfuerzo de cada uno... Ninguna otra labor requiere más horas ni mayor devoción ni tanto sacrificio y oración ferviente».[16] Servir en una misión SUD no es un compromiso pequeño. Puede requerir abandonar el hogar, país, amigos, familia y la vida tal como uno la conoce para servir a la Iglesia. Aquellos que persiguen este esfuerzo dedican dos años al estudio doctrinal, la enseñanza, el proselitismo, el servicio a los futuros conversos y a la Iglesia, y tal vez el aprendizaje de otro idioma.

Los misioneros que van a un país donde se habla un idioma extranjero deben pasar nueve semanas en uno de los centros de capacitación misionera. El Centro de Capacitación Misionera (MTC) es como un campo de entrenamiento para los misioneros mormones. Está cerrado y no tiene acceso al mundo exterior. Hay reglas estrictas y un horario intenso que devora el tiempo y la energía del participante desde temprano en la mañana hasta tarde en la noche. Allí aprenden la doctrina mormona y cómo enseñarla, así como el idioma, la cultura y las costumbres de la tierra a la que se dirigen.

---

16   Thomas S. Monson, "That All May Hear," *Ensign*, May 1995, 49.

Las nueve semanas que pasé en el MTC de Provo me parecieron una eternidad. La comida era mediocre en el mejor de los casos. Siempre había algo que nos producía unos gases horribles en clase; sospechamos que era el zumo de naranja. Aprender danés en nueve semanas parecía imposible. Estaba inquieto y agotado. Teníamos que levantarnos a las 6:30, pero yo me levantaba a las 5:30 para estudiar el idioma. Las clases y la actividad ininterrumpidas durante casi dos meses pusieron a prueba mis límites, y desarrollé una grave sinusitis con palpitaciones constantes y un dolor apenas tolerable.

Tal vez los dolores de cabeza no eran más que una expresión externa de mis luchas internas, que incluían culpa, confusión, miedo e incertidumbre. Pensaba que me estaban castigando y atormentando por mi indignidad. ¿Había confesado realmente todos los detalles de mis transgresiones pasadas a mi obispo? Cuando cometí aquella estupidez a los dieciséis años, tal vez debería haberme dado más tiempo de prueba para ganarme el derecho a volver a estar bien. ¿Tengo que volver a confesar mis pecados pasados? Tal vez entonces todo el dolor (tanto interno como externo) llegaría a su fin. Finalmente, cuando los dolores de cabeza remitieron y las nueve semanas en el MTC llegaron a su fin, volé a Dinamarca para comenzar la siguiente etapa de mis «mejores dos años».

En el extranjero

En noviembre de 2022, la Misión Dinamarca Copenhague era una de las 411 misiones SUD.[17] Estas misiones son regiones geográficamente divididas por todo el mundo. Algunas abarcan grandes áreas, y otras más pequeñas, dependiendo de la presencia de la Iglesia SUD en esa parte del mundo. Por ejemplo, todo el país de Dinamarca es una misión en sí misma,

---

17   Scott Taylor, "Mission map: See an area-by-area breakdown of the Church's 411 missions worldwide," *Church News* en línea, septiembre 30, 2022, https://www.thechurchnews.com/members/2022/9/30/23379823/map-of-lds-missions-see-area-by-area-breakdown.

mientras que la Misión Florida Orlando es una misión situada principalmente en el centro de Florida.

Una vez en el campo de misión, al misionero se le asigna un compañero para servir en una zona determinada. El dúo de compañeros compartirá todas las horas que estén despiertos. El presidente de misión, que preside la misión, puede en cualquier momento no revelado e incierto trasladar a un misionero a una nueva región dentro de la misión dada y reasignar parejas. Estas curvas ciegas -desvíos de ruta amenazadores de incertidumbre en la montaña- pueden inducir ansiedad a algunos que prefieren la estabilidad y un camino claro y conocido de antemano.

Las peculiaridades de personalidad o los conflictos entre las parejas de misioneros pueden magnificar el estrés de una situación ya de por sí difícil. Con poca experiencia fuera del hogar, los jóvenes misioneros navegan por un mundo nuevo con caras nuevas en una tierra nueva. Recuerdo a un compañero de misión que era un poco desafiante. Mirando hacia atrás, me doy cuenta de que probablemente yo no fui un buen compañero para él. Probablemente era demasiado dominante, insensible e impaciente, y me faltaba empatía. Los misioneros intentan aprender sobre la marcha a convivir y trabajar con compañeros que al principio les parecen extraños.

A veces, la ascensión al Everest de mi misión iba sobre ruedas. Me llevaba muy bien con algunos de mis compañeros. Recuerdo al anciano Robb, que era un chico raro y torpe, con problemas de dicción, gafas gruesas y una voz como la de Igór.[18] Era un tierno gigante de peluche. Era relajado, frío y, sin pretenderlo, uno de los tipos más divertidos que había conocido. Disfruté cada momento con él.

Las reasignaciones de misioneros eran a veces una transición difícil y desgarradora, pero a veces eran un cambio bien recibido. La inestabilidad y la dinámica cambiante de las misiones generaban estrés y ansiedad.

---

18   Los hombres misioneros SUD son referidos como «ancianos» en general y por el título «Anciano» para individuos específicos. Las mujeres misioneras son llamadas «hermanas» en general y «Hermana» para individuos específicos.

Las misiones SUD están muy estructuradas y tienen un liderazgo jerárquico. En la cúspide de la pirámide se encuentra el presidente de la misión, que suele ser un experimentado servidor de la Iglesia de más de 60 años. Durante los dos años de un misionero, él es el guía para atravesar la montaña. A la derecha del presidente está el AP (Asistente del Presidente). Muchos misioneros han codiciado presumir de este lugar privilegiado. Cada misión se divide en áreas denominadas zonas, distritos y compañerismos. Una zona abarca varios distritos. Los distritos se componen de múltiples áreas de compañerismo. Dentro de un dúo de compañerismo misionero, uno es designado el compañero mayor y el otro el menor. Un compañero mayor reporta a su autoridad, un líder de distrito. Los jefes de distrito se someten a su autoridad, un jefe de zona. Los líderes de zona informan directamente al AP, que a su vez informa al propio presidente. Una misión SUD es una máquina bien engrasada con responsabilidad en todos los niveles, dirigida eficientemente como un negocio.

En mi experiencia como misionero SUD, se hacía hincapié en los objetivos y las cifras. Había metas para la misión en su conjunto, así como metas para las zonas, distritos y compañerismos. Cada día, semana y mes tenía metas numéricas. ¿Cuántos bautismos hubo este mes? ¿Cuántas clases hemos impartido hoy? ¿Cuántas invitaciones ofrecimos a los investigadores esta semana? ¿Cuántos nuevos contactos hemos hecho esta tarde? ¿Cuántas oportunidades de servicio hemos aprovechado este mes? Los dirigentes nos presionaban para que cumpliéramos estos objetivos. Cuando los cumplíamos, nos elogiaban y celebraban; cuando no, nos sentíamos avergonzados, ignorados, culpables e insignificantes.

Los horarios de los misioneros SUD son agotadores. Nos levantamos a las 6:30 a.m. Una mañana típica incluye el estudio personal de las Escrituras SUD, la oración, el estudio de idiomas, el desayuno y el estudio, la planificación y la preparación del compañerismo. Se espera que los misioneros estén en la puerta a las 10:00 a.m. para comenzar el proselitismo, asistir a las citas y servir a la comunidad. Aparte del almuerzo y la cena, se espera que sean testigos productivos del Evangelio SUD desde las 10:00 a.m. hasta las 9:30 p.m. Una vez en casa por la noche, los compañeros misioneros tienen una hora para planificar el día siguiente, informar de los números a las autoridades y prepararse para dormir. Las luces se apagan a las 22:30.

Las únicas excepciones a este horario son los domingos por la mañana o por la tarde, cuando los misioneros asisten a su pabellón (congregación) local, y el Día de Preparación. El Día de Preparación son todos los lunes. La rutina matutina sigue siendo la misma. Sin embargo, desde las 10 de la mañana hasta las 6 de la tarde, los misioneros pueden hacer la compra, lavar la ropa, escribir cartas y, tal vez, dedicarse a su pasatiempo o deporte favorito. Se espera que empiecen a hacer proselitismo a las 18:00 y continúen hasta las 21:30.

La exigencia de nuestro horario misionero era a veces demasiado pesada. Cuando llegué por primera vez a Dinamarca, el compañero que me formó tomaba una siesta diaria durante la hora del almuerzo, e incluso a veces se saltaba el almuerzo para aprovechar al máximo esta hora de descanso. Sin coche en la mayoría de mis zonas, nos desplazábamos en transporte público. Los autobuses y los trenes siempre estaban llenos de gente. El tiempo de viaje era tiempo de proselitismo. La presión por ser un misionero obediente y celoso era incesante.

Cuando vivíamos en las afueras de nuestra zona misionera, a menudo nos quedábamos fuera todo el día para aprovechar al máximo el tiempo. Nos saltábamos el almuerzo o comíamos sobre la marcha. La deshidratación y el exceso de trabajo provocaban fatiga y enfermedades. Mi experiencia en la misión terminó como empezó - con una miserable infección de los senos nasales. Tuve dolores de cabeza constantes durante meses. En su punto álgido, sólo podía funcionar sentado y erguido. Si intentaba recostar la cabeza, traspasaba el umbral del dolor. El descanso era efímero, tanto física como espiritualmente.

Se espera que los misioneros SUD sigan un estricto código de conducta. Estas normas abarcan desde el código de vestimenta hasta las rutinas del horario diario, pasando por las directrices morales y dietéticas. Los compañeros misioneros deben estar siempre juntos a la vista. No había televisión ni películas. Una avalancha de culpa o de reprimendas podía desencadenarse al quebrantar una de las normas. Cuando un compañero infringe las normas, el 'echar de cabeza' es siempre una posibilidad. Los misioneros tienen entrevistas individuales con el presidente de la misión y los líderes de forma regular, donde se pueden abordar los problemas. Una transgresión grave haría que un misionero fuera expulsado de su misión - una posibilidad muy vergonzosa y temida.

En mi misión, las interacciones con familiares y amigos eran limitadas y vigiladas. Las autoridades de la misión tenían acceso a nuestras cuentas de correo electrónico para supervisar todas las comunicaciones. Cuando yo era misionero SUD (2002-2004), sólo se nos permitía hablar por teléfono con familiares dos veces al año: una en Navidad y otra el Día de la Madre. El aislamiento de la familia, los amigos y el hogar afectó a algunos misioneros más que a otros. La nostalgia y la depresión eran comunes. En febrero de 2019, la Iglesia SUD anunció una actualización que «los misioneros pueden comunicarse con sus familias en su día de preparación semanal a través de mensajes de texto, mensajería en línea, llamadas telefónicas y video chat, además de cartas y correos electrónicos».[19] Pero en mi expe-

---

19   "Missionaries Now Have More Options to Communicate With Families," ["Los misioneros ahora tienen más opciones para comunicarse con las familias"] *Newsroom*, The Church of Jesus Christ of Latter-day Saints, February 15, 2019, https://newsroom.churchofjesuschrist.org/article/missionaries-family-communication

riencia de estar lejos de casa y de la familia, los miembros del barrio (congregantes) se convirtieron en familia. Se crearon fuertes lazos con quienes investigaban el mormonismo. Las experiencias relacionales positivas fueron vitales, a la luz del rechazo constante al que nos enfrentábamos en Dinamarca. Algunos nos gritaban despectivamente desde lejos. Otros nos daban con la puerta en las narices. La mayoría nos evitaba como un ratón a un gato. Una cálida sonrisa, una bebida fría o un oído prestado pueden marcar la diferencia.

Alcanzando a los misioneros SUD

Recuerdo a una familia cristiana que invirtió en nosotros. Eran como un helicóptero de suministros que reponía a los alpinistas cansados con latas de comida y botellas de oxígeno. Nos querían de verdad, se interesaban por nuestras vidas y se comprometían con nosotros durante nuestras múltiples visitas. A partir de esas interacciones, se plantaron en mi corazón las semillas del Evangelio de Jesucristo, aunque tardarían años en fructificar. Los miembros de la familia escucharon más de lo que hablaron, pero cuando lo hicieron, fue impactante. Hacer preguntas puede ser eficaz. Recuerdo que la madre de esta familia cristiana nos preguntó: «¿Por qué lo que Jesús hizo en la cruz no puede ser suficiente para ustedes, para salvarlos?».

Mi intento de cumbre religiosa era en realidad un deseo de muerte. En la cima de la montaña no hay un vasto río de vida, una exuberante tierra de belleza y la gloria de nuestro Creador. Más bien, la cumbre de este Everest basado en las obras es una plataforma rígida, estrecha y helada, rodeada de acantilados mortales, y el aire carece de oxígeno. El salario de nuestra vana y laboriosa búsqueda es la muerte. Sin intervención, yo también acabaría uniéndome a las masas de cadáveres helados en la cima de esta montaña. ¿Quién me levantaría en alas de águila y me llevaría a la montaña sagrada de Dios? Su montaña rebosa vida, paz, calor, luz y la presencia de la gloria de Jesús. Su montaña es una tierra de perdón, descanso, seguridad y vida eterna. Los cristianos están llamados a la Gran Comisión. Son enviados a compartir la gloria y la luz de Cristo a un mundo moribundo. ¿Miramos el intento de cumbre basada en obras de estos niños misioneros SUD con un corazón roto de empatía y compasión? ¿Los miraremos boquear por oxígeno en este paisaje frío y estéril sin ofrecerles un rescate a una tierra mejor y a un camino mejor?

Los misioneros SUD comúnmente luchan con problemas de valor propio. Cuando era líder de zona misionera, trabajé junto con mi presidente de misión para ayudar a las personas dentro de mi zona que luchaban contra la nostalgia, la depresión y los problemas de culpa. Yo no era ajeno a la desesperación, el miedo, la presión y la culpa provocada en este sistema de perfeccionismo. La culpa de los pecados pasados (aunque confesados previamente) era tan abrumadora que finalmente me topé con un muro. A mitad de mi misión, solicité una cita especial de urgencia con el presidente de mi misión. Esto alteró su rutina normal. Viajó literalmente a través de todo el país de Dinamarca para reunirse conmigo en persona. Allí, avergonzado y humillado, volví a confesar detalles increíblemente específicos de acciones íntimas con mi primera novia de cuatro años atrás. Ya había confesado esos detalles (aunque más ampliamente) años atrás a una «autoridad», pero aún no había encontrado la paz. Una vez más, buscaba la absolución de un hombre que no tenía realmente el poder de perdonar los pecados. La absolución que recibí del presidente de mi misión sería efímera. Sólo más tarde, cuando busqué a Jesús y clamé a Él, encontré una paz y un perdón duraderos.

Cuando testifiques a misioneros SUD, trata de enfocarte en los siguientes puntos de vulnerabilidad: valía, perdón y seguridad. Muchos luchan por sentirse dignos ante Dios. Muchos no tienen confianza en que son perdonados o que vivirán con Dios por toda la eternidad. Muchos están agotados en su esfuerzo hacia la perfección. Usar preguntas para tocar estos puntos de tensión puede ser efectivo. ¿Alguna vez te has sentido indigno? Si murieras hoy, ¿adónde crees que irías y por qué? ¿Estás seguro de que Dios te ha perdonado plenamente tus pecados? ¿Crees que has cumplido todos los requisitos de tu religión para la vida eterna?

En última instancia, queremos ofrecerles la solución a su dolor, miedo y agotamiento: el evangelio de la gracia de Dios. Cuando era mormón, veía a Jesús principalmente como mi ejemplo más que como mi sustituto. En otras palabras, Jesús me mostró el camino para ser salvo, pero dependía de mí seguir Su ejemplo y ganar la vida eterna. Pero un sustituto actúa en nuestro lugar. Como nuestro sustituto, Jesús vivió y murió por nosotros.

Considera a una persona que está indefensa en un pozo profundo y oscuro sin salida. El evangelio mormón diría, «Salga de ahí». Esto es imposible. Pero el evangelio bíblico dice, «Confía en Jesús. Él mismo te sacará y sanará tus heridas». ¡Estas son buenas noticias! Queremos comunicar que somos completamente perdonados y aceptados por Dios al confiar en lo que Jesús ha hecho por nosotros. Él vivió una vida perfecta y luego murió en nuestro lugar en la cruz del Calvario. Jesús tomó sobre sí nuestro pecado y el castigo que merecíamos de Dios por nuestro pecado. Los que creemos en Él tenemos el don gratuito de Su justicia, perdón y vida eterna.

Jesús ofrece un camino mejor. Dice: *Venid a mí todos los que estáis trabajados y cargados, y yo os haré descansar* (Mateo 11:28). Trabajar por la vida eterna trae agotamiento, miedo y muerte. Venir a Jesús trae descanso, plenitud, satisfacción y seguridad. *Mas al que no obra, sino cree en aquel que justifica al impío, su fe le es contada por justicia* (Romanos 4:5). Nuestra súplica a los misioneros mormones es, «¡Vengan a Jesús!». Él libera de las frías garras de la muerte e infunde su cálido amor y vida en nuestras almas. Dios dijo a Israel, *Vosotros visteis lo que hice a los egipcios, y cómo os tomé sobre alas de águilas, y os he traído a mí* (Éxodo 19:4). Jesús me llevó en alas de águila y me trajo a Él. Me rescató de mi Everest religioso y me llevó a Su montaña sagrada - una tierra de leche y miel con un río de vida y hojas de curación para las naciones *Exaltad a Jehová nuestro Dios, y postraos ante su santo monte, Porque Jehová nuestro Dios es santo* (Salmo 99:9).

He sustituido la vana ambición de un intento de cumbre basado en las obras por conocer a Jesús. Una relación personal con Cristo se ha convertido en mi esperanza más plena, mi sueño más grande, mi aspiración superior y mi máxima ambición. Jesús es la cumbre más grande. Él es el descanso para el alma cansada. Muchas personas están agotadas, tratando de hacer la vida por su cuenta y a su manera. Necesitan el descanso que se encuentra a través de la sumisión y la confianza en Cristo. Señalémosles a Jesús.

* * * *

Matt Wilder fue criado en la Iglesia de los Santos de los Últimos Días y cumplió una misión mormona de dos años en Dinamarca antes de asistir a la Universidad Brigham Young. Allí estudió interpretación de piano durante tres años antes de abandonar el mormonismo. Es uno de los miembros fundadores de Adam's Road (adamsroadministry.com) y Adam's Road Piano (adamsroadpiano.com), Matt ha estado involucrado en el ministerio de la música cristiana a tiempo completo desde 2006. También es presentador del podcast *Adam's Road* (adamsroadministry.com/podcast), un programa semanal de radio y podcast. Él y su familia residen en Florida. Le gusta correr, pasar tiempo con amigos y familiares, y disfrutar de buena comida.

Parte 2

Las discusiones misioneras SUD

Capítulo 4

Lección misionera uno: El mensaje de la restauración

Por Joel Fauver

E ste libro pretende ser una discusión bien intencionada entre amigos. Partimos de la base que los misioneros vienen a tu puerta. Estos dos jóvenes pulcros (o mujeres) han renunciado literalmente a dos años de vida normal para difundir la noticia de su Iglesia. Para mí, esta es la parte más difícil de contrarrestar su mensaje. Son sinceros y verdaderos seguidores.

En 2002, los máximos dirigentes de la Iglesia de Jesucristo de los Santos de los Últimos Días dijeron: «El día del misionero "arrepiéntete y vete" ha terminado».[20] Ya no se encontraría a alguien en una transgresión grave y se le permitiría ir a servir al Señor. En su lugar, subieron el estándar. Se esperaba que los futuros misioneros fueran fieles desde el principio. Los líderes SUD querían hombres y mujeres jóvenes que evitaran los pecados graves según la definición de la Iglesia y, en cambio,

---

20   M. Russell Ballard, "The Greatest Generation of Missionaries," *Ensign*, November 2002, 46-49.

se mantuvieran sin mancha del mundo. Estos jóvenes creen en el mensaje del Evangelio restaurado, y están dispuestos a renunciar a dos años de sus vidas para predicarlo. Ese tipo de sinceridad hace una armadura que puede parecer impenetrable. Lo sé porque yo fui uno de esos jóvenes. Mi familia me educó desde pequeño para ser un fiel Santo de los Últimos Días. Abandoné los cursos acreditados de la escuela secundaria para asistir a las clases de la iglesia en el campus. Asistía a tres horas obligatorias de iglesia los domingos. Mi padre, mis hermanos y yo servíamos a los demás a nuestro alrededor con regularidad. Estaba tan dedicado a la Iglesia como cualquier Santo de los Últimos Días lo ha estado jamás. Incluso estaba dispuesto a morir por mi fe. Con mucho gusto serví en una misión de dos años autofinanciada y di gracias a Dios por la oportunidad de pasar esos dos años hablando con desconocidos sobre la Iglesia. De nuevo, esta es la parte más difícil de hablar con los misioneros. Creen a profundamente que su mensaje es de esperanza y salvación.

Los lectores de este libro deben recordar que Dios atrae a las personas hacia Él a su propio ritmo y en el momento oportuno. Él es el pescador; nosotros sólo echamos las redes. Él es el jardinero; nosotros sólo ponemos las semillas, el agua y la esperanza. Este libro no proporciona una forma segura de hacer nada, excepto presentar argumentos bien razonados y lógicos apelando a las Escrituras. Esperemos que estos argumentos contrarresten el falso evangelio del mormonismo en los corazones de los misioneros u otros Santos de los Últimos Días que encuentres.

Ahora que hemos cubierto ese terreno, pasemos a rebatir el mensaje que los Santos de los Últimos Días llaman el «evangelio restaurado».

El evangelio restaurado

En 2004, la dirección de la Iglesia de Jesucristo de los Santos de los Últimos Días, el Quórum de los Doce Apóstoles, publicó un nuevo libro para que todos los misioneros enseñaran. Se llama *Predicad Mi Evangelio* (PME). Durante años, la Iglesia había dado a sus emisarios formas estandarizadas de presentar el mensaje de la Iglesia. *PME* pretende dar a los misioneros una manera de predicar el mensaje de la Iglesia sin tener que decir las cosas de una manera seca y torpe.

Me encontraba en el Centro de Formación Misionera de Provo, Utah, el mismo mes en que se publicó el libro. Nuestros maestros en el centro de capacitación estaban entusiasmados. Eran ex- misioneros que ofrecían voluntariamente su tiempo para ir a enseñar a los nuevos misioneros cómo ser eficaces. Exploraron con entusiasmo el libro con nosotros, tratando de ayudarnos a mí y a mis compañeros misioneros a encontrar formas dinámicas y atractivas de enseñar. Nos grabaron en vídeo mientras practicábamos la enseñanza para que pudiéramos recibir asesoramiento. Tras dos semanas en esta especie de olla a presión, nos enviaron al «campo», donde empezamos a difundir la «palabra de Jesús».

El mensaje que estábamos enseñando a la gente de esta nueva manera era que la verdadera organización de la iglesia, junto con la capacidad de administrar en el nombre de Dios, murió con los apóstoles originales, pero ha sido gloriosamente restaurada a través del profeta José Smith en la década de 1800. Este mensaje, aunque presentado de manera sincera, significa que la Iglesia SUD cree firmemente que todos los demás creyentes en Cristo desde aproximadamente el año 100 d.C. han creído en un evangelio falso. Un versículo del Libro de Mormón (su texto revelador insignia) afirma que sólo hay dos iglesias: «He aquí, no hay más que dos iglesias solamente; una es la iglesia del Cordero de Dios, y la otra es la iglesia del diablo» (1 Nefi 14:10). No es difícil adivinar cuál es cuál.

Los misioneros que vienen a tu puerta o te paran por la calle empezarán a enseñarte sobre un Padre Celestial amoroso y su Hijo, Jesús, a través del cual podemos ser salvados. Esto suena muy similar a las creencias cristianas. Desafortunadamente, aunque es muy similar, también es increíblemente diferente. Su versión que Jesús vivió con Dios hace mucho tiempo como un niño espíritu. Ascendió los escalones del poder a través de Su propia justicia hasta que alcanzó tal nivel de poder y buenas obras que igualó al Padre mismo.[21] Esto es según el plan divino que el profeta SUD José Smith afirmó haber recibido por revelación. Aunque cualquier misionero se resistirá a la idea de que Jesús sea una creación del Padre, es sin embargo lo que implica su doctrina. Creen que todos los espíritus humanos fueron concebidos por padres celestiales antes de que se creara la Tierra. Jesús está incluido entre esos hijos espirituales, lo que innegablemente hace de Jesús una creación. El Jesús mormón es una creación que con el tiempo alcanzó el mismo estatus que el Creador.

La doctrina cristiana dice que Jesús estaba con el Padre desde el principio (Juan 1:1-3), sin principio de días ni fin de vida (Hebreos 7:3). Es alguien que no necesita nada para perfeccionarse ni necesita a nadie. Debemos comprender esta diferencia fundamental de creencias. Cuando hablamos con los Santos de los Últimos Días, es como si hablaran un idioma extranjero. Las palabras significan cosas diferentes para ellos. Dicen que son cristianos, pero tienen un Cristo diferente.

El gran plan de salvación

Ahora pasemos a la primera lección del manual misionero SUD que los misioneros tienden a enseñar: la restauración del evangelio de Jesucristo. En mis apuntes misioneros, cuando creaba mis planes de lecciones, llamaba a esta lección, un tanto en broma, «¡¡¡Ha

---

21   Abraham 3:22-27 (Perla de Gran Precio).

vuelto!!!». Estaba muy seguro de que esto era lo más importante que debía escuchar cualquier persona que conociera.

En la doctrina SUD, el Padre planeó enviar a sus innumerables hijos espirituales a la tierra para que habitaran cuerpos terrenales y así pudieran convertirse en dioses, tal como Él lo había hecho. Su plan era que estos hijos espirituales nacieran en la tierra, donde olvidarían su tiempo en el cielo y serían probados para ver si elegirían ser fieles. Si siguieran la doctrina establecida por la Iglesia de Jesucristo, y si hicieran las obras que se les dijo que hicieran, entonces subirían al cielo para llegar a ser como Dios en todos los aspectos. Esto incluye ir tan lejos como tener sus propios hijos espirituales que un día podrían llegar a habitar un planeta muy parecido al nuestro.

Patrones de apostasía

La Iglesia SUD quiere que creamos que Dios siempre ha llamado a un profeta para dirigir Su iglesia. Ellos le dirán que personas como Adán y Noé administraron una iglesia - aunque de esto nunca se habla en la Biblia. Estos profetas también supuestamente incluyeron a Melquisedec, Set, Abraham y otros. Se dice que cada profeta tenía un mensaje único para los hijos de Dios. Dicen que Dios envía a estos mensajeros por amor a Sus hijos a quienes está tratando de traer a Sí mismo. Este punto se insiste bastante en la doctrina SUD. Los misioneros quieren que compres la idea de que los profetas tienen una iteración moderna porque son cruciales y necesarios para que el plan de Dios tenga éxito. Toda su religión se basa en la idea de que existen reveladores modernos.

La verdad es que a veces hay intervalos de cientos de años entre los profetas mencionados en la Biblia. No hay constancia bíblica de ningún profeta más allá de los que tenemos en el texto. Lo más importante es que Hebreos 1:1-2 habla de manera muy elocuente y concisa sobre la existencia de los profetas, así como de la terminación de la palabra profética después de la venida de Jesús. Jesús es nuestro Sumo Sacerdote. Jesús es nuestro Profeta, el mensajero de Dios enviado para abogar por nosotros. Todos los profetas eran señales que apuntaban a Jesús. Ahora que Él ha venido, ya no necesitamos profetas que nos señalen a Dios. Dios mismo vino a guiarnos.

La primera lección del manual SUD intenta establecer la creencia de que las dispensaciones proféticas existen. Porque Dios es el mismo ayer, hoy y siempre, *porque no hará nada Jehová el Señor, sin que revele su secreto a sus siervos los profetas.* (Amós 3:7). En respuesta, debemos enfatizar el punto de que toda la historia giró en torno al eje de nuestro Salvador, Jesús, y Su muerte. Los profetas antes hablaron de Su venida, pero después de que Él resucitó de entre los muertos, ya no era necesario que los profetas profetizaran de Su nacimiento pendiente. Ya había nacido. Su obra está terminada. Ahora esperamos su regreso.

Cuando Jesús estuvo en la tierra, fue el profeta por excelencia. Los misioneros SUD concederán este punto. Todo lo que esperarías de un profeta, nuestro Señor lo fue - y más. Con Su muerte y resurrección, Él marcó el comienzo de una nueva era de creencia donde la intercesión diaria en un templo ya no era necesaria. No se necesitan sacerdotes. No se requieren ofrendas más allá de un corazón quebrantado y un espíritu contrito (Salmo 51:17; Hebreos 4:14-16; Hebreos 5-10). Ellos estarán de acuerdo con esta narrativa - con una salvedad. Los misioneros dirán que mientras Jesús estuvo aquí, dio a representantes especiales, conocidos como apóstoles, autoridad especial para actuar por Él mediante la imposición de manos (Juan 15:16). Tratarán de establecer que esta autoridad era necesaria para que los apóstoles administraran la nueva iglesia, realizaran milagros y dieran a otros los ritos sagrados de la fe. Estos ritos incluyen el bautismo, la imposición de manos para recibir el Espíritu

Santo, la ordenación sacerdotal, el matrimonio, la bendición de los enfermos y muchos otros. Esta suposición se basa en pasajes del Nuevo Testamento que muestran a Jesús o a un apóstol imponiendo sus manos sobre alguien y luego algo sucede, como que el Espíritu Santo cae sobre ellos (Hechos 19:6) o que son sanados (Hechos 28:8). Nada de naturaleza espiritual se hace en la Iglesia SUD sin la autorización de aquellos en autoridad, sin embargo, el libro de Hebreos contradice este enfoque:

> *Porque no os habéis acercado al monte que se podía palpar, y que ardía en fuego, a la oscuridad, a las tinieblas y a la tempestad, al sonido de la trompeta, y a la voz que hablaba, la cual los que la oyeron rogaron que no se les hablase más, porque no podían soportar lo que se ordenaba: Si aun una bestia tocare el monte, será apedreada, o pasada con dardo; y tan terrible era lo que se veía, que Moisés dijo: Estoy espantado y temblando;*

> *sino que os habéis acercado al monte de Sion, a la ciudad del Dios vivo, Jerusalén la celestial, a la compañía de muchos millares de ángeles, ᵃ la congregación de los primogénitos que están inscritos en los cielos, a Dios el Juez de todos, a los espíritus de los justos hechos perfectos, a Jesús el Mediador del nuevo pacto, y a la sangre rociada que habla mejor que la de Abel.* (Hebreos 12:18-24)

El problema es que confiar en líderes proféticos con autoridad como Moisés nos devuelve al Antiguo Testamento. Muchas otras iglesias además de la Iglesia SUD han caído en esta trampa.

Continuando, la doctrina SUD afirma que al igual que los profetas de cada dispensación, los apóstoles fueron rechazados.

Esta vez, sin embargo, la parte más importante de este mensaje - la autoridad para actuar en nombre de Dios - se perdió con la muerte de los apóstoles. Lo que sigue en la narrativa SUD es una era oscura y sin Dios donde nadie podía discernir correctamente qué partes de la Biblia eran verdaderas. La Iglesia SUD enseña que sacerdotes perniciosos modificaron manuscritos para distorsionar el mensaje puro de Cristo en algo que se ajustara a sus propios fines. El mundo supuestamente languideció en esta oscuridad hasta que Dios consideró oportuno enviar Su Espíritu de nuevo a la tierra para moverse entre la humanidad.

Muchos Santos de los Últimos Días creen que esto comenzó con el Renacimiento. Durante las Cruzadas y la Edad Media, Dios se contentó con esperar en silencio a que la humanidad estuviera preparada. El Renacimiento es visto por ellos como la primera evidencia de que Dios se estaba moviendo de nuevo entre la humanidad. Florecían las ideas científicas y religiosas. Los desafíos a la Iglesia católica y a su dogma fueron tomados más en serio por amplias capas de la población y, por primera vez en su larga historia, la Iglesia católica tuvo disidentes que acabaron formando sus propias sectas. El creciente uso de la imprenta aceleró el florecimiento del conocimiento y el pensamiento que la Iglesia Católica había reprimido durante mucho tiempo.

Necesitamos entender algunas cosas acerca de la narrativa SUD en este punto. Aunque los misioneros SUD afirman que hubo una apostasía total o alejamiento (1 Timoteo 4:1-3), esta afirmación se basa en una interpretación errónea de las Escrituras. Tampoco tienen evidencia de que ocurrió alguna pérdida de cohesión doctrinal o alguna pérdida de autoridad espiritual ejercida por un creyente profesante.

La Iglesia SUD asume que la autoridad para realizar estos actos espirituales dejó de existir con la muerte de los apóstoles. En su libro *Jesus the Christ*, el erudito SUD James E. Talmage profundiza sobre cómo cesó la autoridad apostólica. Los

Santos de los Últimos Días se basan en interpretaciones de las Escrituras de la versión Reina Valera de la Biblia para hacer sus afirmaciones. Puesto que toda autoridad se considera perdida, los Santos de los Últimos Días se empeñan en desacreditar la veracidad de la Biblia.

No creen que la Biblia sea la única Palabra de Dios. Creen que la Biblia, tal como la conocemos, fue corrompida mediante una especie de largo plan llevado a cabo por el diablo. Sin autoridad profética para interpretar la Escritura, se dejó a los mejores esfuerzos del hombre, que, como sabemos, es corruptible. Una vez más, sin pruebas, los eruditos SUD sostienen que escribas bien intencionados, o tal vez otros bajo la influencia de Satanás, hicieron cambios a la Biblia. Estos académicos SUD le dirán que, con tantos errores en la transmisión durante tanto tiempo, la conclusión inevitable es que no se puede confiar en la Biblia para transmitir el verdadero mensaje de salvación.

Sin embargo, un vistazo al asombroso número de manuscritos bíblicos disponibles hoy en día refuta esta idea. La ciencia de la crítica textual utiliza la riqueza de más de veinte mil manuscritos del Nuevo Testamento para proporcionarnos una reconstrucción virtual del original. A pesar de pequeñas diferencias, lo cierto es que no hubo corrupción sustancial de la Palabra de Dios.

Trata de entender lo que los misioneros SUD están tratando de lograr. Al igual que algunos abogados, hacen un gran trabajo para establecer una narrativa creíble mientras se esconden detrás de las sombras de lo que es posible frente a lo que es realmente verificable. Pasan por alto grandes períodos de tiempo y una serie de hechos que no encajan en su narrativa. Creen en una cadena de profetas del Antiguo Testamento que siempre recibieron autoridad sacerdotal, siempre enseñaron acerca de un Mesías venidero y siempre fueron rechazados. Jesús mismo sigue esta pauta, así como los apóstoles. Luego viene la larga noche - la triste pero inevitable consecuencia de rechazar al Hijo de Dios: sobrevino una oscuridad espiritual que duró un milenio o más.

Al escuchar a un amigo mormón, o a los misioneros que vienen a tu casa, ellos construirán un caso que conduce hacia la Gran Restauración. Los mormones ven su mensaje y su fe como el verdadero mensaje de salvación para el mundo. El ejemplo favorito que los misioneros solían usar (incluyéndome a mí) era el de un automóvil. Imagina la iglesia de Cristo como un coche clásico (como ocurre con cualquier metáfora, si se estira demasiado, pierde su utilidad). Dios quiere que su coche clásico sea restaurado. El coche empezó siendo muy elegante y bonito, pero ha sufrido los estragos del tiempo, de mecánicos bienintencionados pero equivocados, y quizá incluso de la traición. Lamentablemente, este automóvil, antaño hermoso, es sólo una sombra de su antigua gloria. No es capaz de funcionar ni de moverse a ninguna parte. Cuando este coche sea encontrado por una persona que lo quiera y desee restaurarlo, imagina qué medidas prácticas tomaría su dueño. ¿Querría el propietario piezas fabricadas este año? No. Querría piezas originales que se hubieran fabricado al mismo tiempo que el coche y que hicieran juego con el propio coche. Se aplicaría pintura, se reharía la tapicería y se sustituirían los cristales. El cariñoso propietario haría todo lo que estuviera en su mano para devolver su querido coche a su estado original.

La Iglesia SUD afirma que esto es exactamente lo que ocurrió. En 1820, José Smith, un joven granjero sincero, buscó la verdad en medio de una oleada de avivamiento religioso. Quería saber qué era verdad. ¿Era alguna de estas innumerables iglesias el único vehículo que Dios estaba utilizando para traer la salvación a la humanidad? Leyó la Biblia. Buscó la ayuda de ministros y amigos religiosos.

Escuche a Smith describir su experiencia con sus propias palabras:

Mi mente estaba a veces muy excitada, el clamor y el tumulto eran tan grandes e incesantes. Los presbiterianos estaban muy decididos en contra de los bautistas y metodistas y usaban todos los poderes tanto de la razón como de la sofistería para probar sus errores, o, al menos, para hacer creer a la gente que estaban en un error. Por otra parte, los bautistas y metodistas, a su vez, se esforzaron con igual celo por establecer sus propios principios y refutar todos los demás.

En medio de esta guerra de palabras y de este tumulto de opiniones, me decía a menudo: ¿Qué hacer? ¿Quién de todos estos partidos tiene razón, o están todos equivocados a la vez? Si alguno de ellos tiene razón, ¿cuál es, y cómo lo sabré?

Mientras trabajaba bajo las extremas dificultades causadas por las contiendas de estos partidos de religiosos, estaba un día leyendo la Epístola de Santiago, primer capítulo y quinto versículo, que dice: *Y si alguno de vosotros tiene falta de sabiduría, pídala a Dios, el cual da a todos abundantemente y sin reproche, y le será dada.*

Nunca pasaje alguno de las Escrituras llegó con más fuerza al corazón del hombre que éste al mío en aquel momento. Parecía penetrar con gran fuerza en todos los sentimientos de mi corazón. Reflexioné sobre él una y otra vez, sabiendo que, si alguna persona necesitaba sabiduría de Dios, era yo; porque no sabía cómo actuar, y a menos que pudiera obtener más sabiduría de la que entonces tenía, nunca lo sabría; porque los maestros de religión de las diferentes sectas entendían los mismos pasajes de las Escrituras de manera tan diferente que destruían toda confianza en resolver la cuestión apelando a la Biblia.

Al final llegué a la conclusión de que debía permanecer en la oscuridad y la confusión, o bien hacer lo que Santiago indica, es decir, pedir a Dios. Al fin llegué a la determinación de «pedir a Dios», concluyendo que: si él daba sabiduría a los que carecían de ella, y la daba generosamente, y no reprendía, yo podría aventurarme.

Así que, de acuerdo con esto, con mi determinación de pedir a Dios, me retiré al bosque para hacer el intento. Fue en la mañana de un hermoso y claro día, a principios de la primavera de mil ochocientos veinte. Era la primera vez en mi vida que lo intentaba, pues en medio de todas mis angustias nunca había intentado orar en voz alta. Después de haberme retirado al lugar donde había pensado ir, habiendo mirado a mi alrededor, y encontrándome solo, me arrodillé y comencé a ofrecer a Dios los deseos de mi corazón. Apenas lo había hecho, cuando inmediatamente me invadió un poder que me dominó por completo, y ejerció sobre mí una influencia tan asombrosa que me trabó la lengua de modo que no podía hablar. Una densa oscuridad se apoderó de mí, y por un momento me pareció que estaba condenado a una destrucción repentina.

Pero, ejerciendo todas mis fuerzas para invocar a

Dios para que me librase del poder de este enemigo que se había apoderado de mí, y en el preciso momento en que estaba dispuesto a hundirme en la desesperación y abandonarme a la destrucción -no a una ruina imaginaria, sino al poder de algún ser real del mundo invisible, que tenía un poder tan maravilloso como nunca antes había sentido en ningún ser-, justo en este momento de gran alarma, vi una columna de luz exactamente sobre mi cabeza, por encima del brillo del sol, que descendía gradualmente hasta caer sobre mí.

Apenas apareció, me encontré liberado del enemigo que me mantenía atado. Cuando la luz se posó sobre mí, vi a dos Personajes, cuyo brillo y gloria desafían toda descripción, de pie sobre mí en el aire. Uno de ellos me habló, llamándome por mi nombre y dijo, señalando al otro - «Este es Mi Hijo Amado. Escúchale».

Mi objetivo al ir a preguntar al Señor era saber cuál de todas las sectas era la correcta, para saber a cuál unirme. Por lo tanto, apenas tomé posesión de mí mismo para poder hablar, pregunté a los Personajes que estaban sobre mí en la luz, cuál de todas las sectas era la correcta (porque en ese momento nunca había entrado en mi corazón que todas estaban equivocadas) - y a cuál debía unirme.

Se me respondió que no debía unirme a ninguno de ellas, porque todas estaban equivocadas; y el Personaje que se dirigió a mí dijo que todos sus credos eran una abominación a sus ojos; que esos

profesantes eran todos corruptos; que: «se acer-
can a mí con los labios, pero su corazón está lejos
de mí; enseñan como doctrinas mandamientos de
hombres, teniendo apariencia de piedad, pero niegan su poder».[22]

Este es el comienzo de lo que la historia mormona denomina la
Restauración (un concepto mucho más radical que la Reforma).
La iglesia de Dios, perdida en el tiempo por la corrupción de
la humanidad, fue traída de vuelta a través de un mensajero
sincero pero defectuoso llamado José Smith. Aquí no se ata-
cará el carácter de Smith, pero para cualquier indagador bien
intencionado, las afirmaciones que la Iglesia SUD hace sobre
José Smith deben tomarse con cautela y examinarse cuidado-
samente. La narrativa mormona le dirá que Smith comenzó
el arduo viaje de restaurar la iglesia de Dios, que fue guiado a
traducir el Libro de Mormón por el poder de Dios, y que esto
finalmente aclaró toda la confusión creada por la corrupción
de Satanás de la Biblia.

Afirman que José Smith fue visitado por Juan el Bautista,
Pedro, Santiago y Juan, Isaías, Moisés e incluso Jesús mismo.
Todos los profetas de épocas pasadas visitaron al profeta José
para restaurar el conocimiento y los poderes del sacerdocio que
se habían perdido a través del tiempo. Todas las épocas pasadas
convergieron a través de los veinte o más años que José Smith
fue profeta para crear la Iglesia de Jesucristo de los Santos de
los Últimos Días. Esto, afirmó, fue una restauración de la iglesia
original que Jesús estableció mientras estuvo aquí. Esta iglesia
se completaba con bautismos por los muertos, roles sacerdota-
les regimentados, templos (donde la gente debía demostrar su
valía para entrar y recibir conocimiento sagrado/secreto para
obtener la salvación), y mucho más.

---

22   José Smith: Historia 9-19 (Perla de Gran Precio).

Si te detienes aquí y tomas nota de que ninguna de esas cosas formaba parte de la iglesia original de Jesucristo, estarías en lo cierto. Sin embargo, los Santos de los Últimos Días están orgullosos de estas características porque dicen que reflejan su canon abierto y la restauración en curso de la iglesia. Creen que aún hay más por venir.

Esta es la conclusión hacia la cual todos los misioneros están construyendo desde el principio de la Lección 1. Ellos te dirán sinceramente que saben, por el poder del Espíritu Santo, que José Smith es un profeta. Yo he hecho lo mismo. Me he sentado con ministros de la juventud, pastores, feligreses, y todos los demás, y les he dicho que yo sabía que José Smith era un profeta verdadero. Desgraciadamente, por muy sinceros que sean, este mensaje y este tipo de profetas van en contra de la Biblia.

En 2017, tuve una crisis de fe. Dios comenzó a atraerme hacia Él. Busqué a la Iglesia SUD para apuntalar mi fe debilitada, y no recibí ninguna ayuda. Cuando los Santos de los Últimos Días son confrontados con la simple verdad del evangelio de Jesucristo y la falacia de todas las enseñanzas extra-bíblicas de los Santos de los Últimos Días, el desafío más difícil para ellos no es que puedan perder su fe, sino que perderán su sistema de apoyo, su comunidad y su salvación.

Debemos recordar esto. Para ellos, sólo hay dos iglesias. Al compartir la verdad de Cristo, los confrontamos con la idea de que el evangelio es más simple de lo que alguna vez creyeron, y la organización que les dio la vida que tienen está basada en ideas falsas.

Enfrenté este desafío en el otoño de 2017, y elegí seguir la Biblia. Rechacé mi falsa fe. Abracé la verdad de que la muerte y resurrección de Jesús fue lo que me salvó. Me di cuenta de que solo necesitaba un Profeta, Sacerdote y Rey, y solo un Mediador entre Dios y el hombre: Jesucristo (1 Timoteo 2:5). El sacerdocio que tiene Jesús dura para siempre.

Fuimos rechazados por nuestra comunidad, hemos perdido amigos, y nuestra familia no entendía el cambio en nuestros valores y creencias. Sin embargo, la lucha ha valido la pena, porque hemos ganado a Jesús. Tenemos confianza en nuestro destino eterno porque confiamos en Cristo.

* * * *

Joel Fauver creció en Idaho Falls, Idaho, y fue criado como Santo de los Últimos Días. Cumplió una misión de dos años en la Misión de Raleigh, Carolina del Norte, de 2004 a 2006. Joel es mormón de quinta generación, con parientes que cruzaron las llanuras con los pioneros y ayudaron a colonizar Utah. Después de regresar a casa, Joel conoció a su esposa y se casó con ella en el Templo de Mesa, Arizona, en 2008. Después de dejar la iglesia en 2017, buscó un lugar para compartir su experiencia de encontrar la gracia de Jesucristo fuera del mormonismo. Le gusta nadar, ver películas y pasar tiempo con su esposa y sus cuatro hijos.

Capítulo 5

Lección misionera dos: El plan de salvación

Por Matthew D. Eklund

La participación en la Iglesia de Jesucristo de los Santos de los Últimos Días (o Iglesia SUD) era la norma para aquellos que, como yo, crecieron en el norte de Utah. Aunque de niño asistía a la Escuela Dominical, a las reuniones sacramentales y a la Primaria con cierta regularidad, nunca me sentí presionado por mis padres para unirme a la Iglesia, y no era un tema que saliera con frecuencia en las conversaciones. Alcanzando y pasando la edad de ocho años, cuando la mayoría de los niños SUD eran bautizados, yo todavía no había sido bautizado. Empecé a preguntarme si podría entrar en el cielo sin el bautismo. Con el objetivo de bautizarme y unirme a la Iglesia, pedí a mis padres que me impartieran las lecciones misioneras SUD. Cuando tenía diez años, fui bautizado por mi tío el mismo día que mi hermana de ocho años. Fue un día especial para mí, aunque en aquel momento no comprendía las responsabilidades que iba a asumir.

En los años siguientes, mis padres se divorciaron y poco a poco fui perdiendo el interés por Dios y la religión. Sin embargo, cuando empecé a ir a la universidad, ocurrieron varios acontecimientos que me condenaron por mis errores del pasado. Siempre fui perfeccionista, y estos acontecimientos me hicieron dar cuenta de que en el fondo no era una buena persona y necesitaba cambiar. Después de investigar diferentes religiones y sentir que la Iglesia SUD seguía siendo la opción más lógica, comencé a estudiar seriamente el Libro de Mormón y otros libros de las escrituras SUD. Después de casi dos años de estudio y preparación, sentí que había recibido un fuerte testimonio espiritual de la veracidad del Libro de Mormón. Este testimonio sirvió como una señal personal de la necesidad de la restauración de la iglesia de Cristo a través del profeta José Smith, y también sirve como una señal de la necesidad de profetas modernos. Mientras buscaba este testimonio, decidí que, si finalmente lo recibía, serviría en una misión. Después de convencerme de que había recibido este testimonio, varios meses más tarde presenté mi solicitud para ser misionero. Dos semanas más tarde, recibí el llamamiento para servir en la misión Bélgica-Bruselas/Países Bajos e ingresar en el Centro de Capacitación Misionera en agosto de 2007. Aunque mi misión fue larga y difícil, disfruté de la experiencia y me esforcé al máximo para llevar a otros a Cristo.

En el verano de 2008, estuve destinado en la ciudad de Amiens, Francia, como acompañante principal. Era la tercera zona en la que servía después de llevar casi un año en el campo de la misión. En un día normal, sin incidentes, con horas reservadas para contactar con la gente de la calle, nos encontramos con una joven de unos veinticinco años. En lugar de seguir la rutina habitual de contacto en la calle, se me ocurrió ser más atrevido. Me acerqué a ella en la acera con toda la audacia, pero también toda la educación que pude, para preguntarle: «Perdón. ¿Sabía usted que es hija de Dios?». La mujer se paró en seco, visiblemente sorprendida por la pregunta. Esa simple pero provocativa afirmación bastó para entablar una conversación con ella.

El mensaje de que todos los seres humanos son hijos de Dios es compartido por más de cincuenta mil jóvenes misioneros SUD cada año con personas de todo el mundo. Pero ¿por qué es esto tan importante y único? ¿Se ajusta a lo que dice la Biblia? Examinemos lo que la Iglesia SUD llama el «Plan de Salvación». Esta es la segunda lección misionera del manual *Predicad Mi Evangelio*. Es mi meta dar los fundamentos de esta lección para prepararte para una reunión con los misioneros.

La vida antes de nacer – El mundo premortal

Mientras que la Lección uno prepara el escenario de por qué el mundo debe unirse a la Iglesia SUD, la Lección dos está diseñada para demostrarte la razón por la que debes unirte a la Iglesia SUD. Intenta abordar las preguntas que se ciernen sobre nuestra existencia y que han desconcertado incluso a los filósofos más brillantes de todos los tiempos: «¿De dónde venimos?» «¿Por qué estamos aquí?» «¿Adónde vamos después de morir?» En algún momento de la vida, todo el mundo se ha hecho estas preguntas, y el misionero SUD afirma tener las respuestas a todas ellas.

La lección uno comienza con la frase «Dios es nuestro Padre Celestial», pero no da muchos detalles sobre *cómo* es nuestro «Padre Celestial».[23] La lección dos refuerza esta afirmación con más enseñanzas sobre quién es Dios y cómo nos relacionamos con Él:

Dios es el Padre de nuestro espíritu; somos literalmente Sus hijos y Él nos ama. Antes de nacer en esta tierra vivíamos como hijos espirituales de nuestro Padre Celestial; sin embargo, no éramos

---

23 *Predicad mi evangelio*, 31.

como nuestro Padre Celestial ni podíamos llegar a
ser como Él y disfrutar de todas las bendiciones de
las que Él disfruta sin la experiencia de vivir en la
vida terrenal con un cuerpo físico.[24]

Aquí aprendemos varios puntos clave. Primero, antes de venir a
la tierra, toda la humanidad supuestamente vivía en la existencia de Dios, el Creador de nuestro universo. Segundo, no sólo
vivíamos con Dios, sino que Él era *literalmente* nuestro padre
(aunque de nuestros espíritus, ya que aún no teníamos cuerpos físicos). La Iglesia SUD también afirma que tenemos una
Madre Celestial: «Cada uno es un amado hijo o hija espiritual
de padres celestiales, y, como tal, cada uno tiene una naturaleza y un destino divinos».[25] En tercer lugar, el pasaje explica
que, aunque estábamos en la presencia de Dios y sin pecado
ni tristeza, todavía nos faltaba algo. Todavía no estábamos
en un estado completo de felicidad. Éramos hijos literales de
Dios, y Él quería más para nosotros. Él quería que tuviéramos
un cuerpo físico como el que Él tiene y que disfrutáramos del
tipo de vida que Él vive.

El misionero SUD describirá cómo el Padre Celestial ideó un
plan por el cual todos Sus hijos pueden llegar a ser como Él y
tener un nivel similar de felicidad y existencia. El plan del Padre
Celestial prometía que aquellos que aceptaran Su plan vendrían
a la tierra, recibirían un cuerpo físico y tendrían la posibilidad
(aunque no la certeza) de llegar a ser como Él y disfrutar de todas
Sus bendiciones. En el plan de Dios, la estancia en la tierra sería
un tiempo de prueba y ensayo. Seríamos probados en cuanto a
si seguiríamos el bien o el mal. El pecado también existiría, y la
superación del pecado requeriría un Salvador para expiar a la

---

24   *Predicad mi evangelio*, 48.

25   Primera Presidencia y Consejo de los Doce Apóstoles de la Iglesia de
      Jesucristo de los Santos de los Últimos Días, "The Family: A Proclamation
      to the World," septiembre 23, 1995, https://www.churchofjesuschrist.
      org/study/scriptures/the-family-a-proclamation-to-the-world/
      the-family-a-proclamation-to-the-world?lang=eng.

humanidad y proporcionar una manera de ser libre de las consecuencias de estos pecados - a saber, la muerte y la separación de la presencia de Dios. Jesús fue elegido en el concilio premortal del cielo para venir a la tierra como Salvador de la humanidad. Aquellos que siguen las leyes y ordenanzas del evangelio podrían regresar a vivir con el Padre Celestial después de esta vida. Este es el evangelio, las «buenas nuevas», como se enseña con más detalle en la lección 3 de la *PME*, titulada «El Evangelio de Jesucristo».

Puesto que las pruebas requieren oposición, la fuerza que se opone a Dios en este «Plan de Salvación» es el gran engañador, el diablo, quien los Santos de los Últimos Días creen que también fue un hijo literal de Dios, al igual que nosotros. Esto hace que el diablo sea nuestro hermano espiritual literal, al igual que Jesús y toda la humanidad son hermanos y hermanas espirituales. A pesar de estar sujetos a las tentaciones del diablo, Dios prometió a Sus hijos que serían agentes de ellos mismos para elegir sus propios destinos. «El albedrío, o la facultad de elegir, es uno de los dones más grandiosos que Dios ha dado a Sus hijos, y nuestro progreso eterno depende de la forma en que utilicemos ese don. Debemos elegir entre seguir a Jesucristo o a Satanás».[26] Los que elijan seguir el plan de Dios serán bendecidos y volverán a vivir con Él, mientras que los que rechacen este plan perderán tales bendiciones.

Este plan de progresión requería un lugar donde la humanidad pudiera recibir cuerpos y ser probada. Esto nos lleva al siguiente tema: la creación.

En el principio, los dioses…

Aunque la Iglesia SUD cree en el relato bíblico de la creación, el Libro de Abraham (un libro de las escrituras SUD) dice que no fue tan simple como *En el principio creó Dios los cielos y la tierra* (Génesis 1:1). En su lugar, el Libro de Abraham dice:

---

26 *Predicad mi Evangelio*, 49.

«Entonces el Señor dijo: Descendamos. Y descendieron en el principio, y ellos, esto es, los Dioses, organizaron y formaron los cielos y la tierra».[27] Los «Dioses» han sido entendidos de diversas maneras como el Padre y Jesús, que son dioses separados, y posiblemente incluyendo un consejo de otros seres exaltados. En lo que sí están de acuerdo los Santos de los Últimos Días es en que este mundo fue creado por Jesucristo bajo la dirección del Padre Celestial. En cuanto a la manera de la creación, Abraham describe los cielos y la tierra como «organizados» y «formados» en vez de «creados». Esto se debe a que José Smith enseñó que Dios es incapaz de crear materia de la nada.[28] En cambio, los Santos de los Últimos Días creen que la materia caótica preexistente se organizó en el mundo en que vivimos.

Ahora que la obra está escrita y el escenario preparado, los actores de este drama, nuestros primeros padres, deben ser introducidos en la primera escena.

El surgimiento de Adán y Eva

Antes de que toda la humanidad pudiera venir a la tierra, Dios eligió crear al primer hombre, Adán, del polvo de la tierra. Adán, designado como el arcángel Miguel, fue el primer hijo espiritual del Padre Celestial que fue elegido para recibir un cuerpo físico en la tierra.[29] Fue creado a «imagen de Dios», una frase que los Santos de los Últimos Días interpretan como física y literal. Adán era, en esencia, una copia al carbón de Dios el Padre, aunque con un cuerpo que no estaba en un estado glorificado y exaltado. En el principio, Adán fue creado sin los efectos negativos del envejecimiento, la enfermedad o

---

27 Libro of Abraham 4:1 (La Perla de Gran Precio).
28 José Smith, "Discurso, 7 abril 1844, como publicado en Times and Seasons," The Joseph Smith Papers, 615, ingresado en noviembre 17, 2022, https://www.josephsmithpapers.org/paper-summary/discourse-7 -april-1844-as-reported-by-times-and-seasons/4.
29 Véase Doctrina y Convenios 27:11; 107:53-57; 128:21.

la muerte. Eva fue creada para ser *una ayudante comparable a Adán* (Génesis 2:18, 20). Fueron colocados en el jardín del Edén, donde vivían en un paraíso sin maldad ni pecado y donde se cubrían todas sus necesidades. Todo lo que Dios exigió de Adán y Eva fue que cuidaran del jardín y que guardaran los mandamientos que Él les daría.

Dos mandamientos importantes fueron dados a Adán y Eva mientras estaban en el jardín. Primero, se les ordenó procrear y tener hijos para llenar la tierra de modo que todos los hijos de Dios en el mundo premortal pudieran recibir cuerpos físicos. Segundo, se les dijo que podían comer de todos los árboles del jardín excepto del *árbol del conocimiento del bien y del mal* (Génesis 2:17). Se les prohibió comer de este árbol, pero aun así se les dio la capacidad de elegir si comer de este árbol o no. Si cumplían el mandamiento de abstenerse de comer de ese árbol, podrían permanecer indefinidamente en el jardín en su estado original de impecabilidad. Sin embargo, si hacían esto, seguirían siendo inocentes en su conocimiento de la procreación y por lo tanto serían ignorantes o incapaces de tener hijos.[30]

Los novios se encontraban en un dilema: si obedecían a Dios negándose a comer del árbol del conocimiento del bien y del mal, permanecerían en estado de inocencia y no tendrían hijos, desobedeciendo el mandato de Dios de llenar la tierra de descendencia. Si desobedecían y comían del fruto prohibido, obtendrían el conocimiento para la procreación, lo que les permitiría obedecer el segundo mandamiento. Se encontraban en una situación en la que les era imposible obedecer ambos mandamientos simultáneamente; sólo eran capaces de cumplir uno u otro, pero no ambos.

Dios declaró que, si desobedecían el mandamiento de no comer del fruto prohibido, morirían. Sin embargo, no morirían del todo inmediatamente, sino que morirían gradualmente de

---

30   2 Nefi 2:22-23 (Libro de Mormón).

forma física (volviéndose mortales y estando sujetos a la edad, la enfermedad y la muerte física) y morirían inmediatamente de forma espiritual (siendo alejados de la presencia de Dios, de la que habían disfrutado hasta ese momento).

Adán y Eva, tentados por Satanás, desobedecieron a Dios y comieron el fruto prohibido. Fueron expulsados del paraíso y sometidos a los dolores, enfermedades y muerte. Sin embargo, esto se ve como un hecho positivo, ya que permitió que el resto de los hijos de Dios vinieran a la tierra, y les permitió experimentar la verdadera alegría y felicidad en oposición a la tristeza. Es por esto que la «caída» de Adán y Eva desde la perspectiva SUD puede ser considerada como un ascenso o progresión en el plan de Dios. Su acción puede resumirse en un solo versículo del Libro de Mormón: «Adán cayó para que los hombres existiesen; y existiesen los hombres para que tengan gozo».[31]

Como Adán y Eva aún no tenían pleno conocimiento del bien y del mal, los Santos de los Últimos Días no se refieren a este acontecimiento de tomar el fruto prohibido como un «pecado», sino como una «transgresión». No eran plenamente conscientes de la maldad de sus acciones y, por lo tanto, no se les consideraba plenamente responsables.

La vida en la tierra

Aquellos que eligieron en el mundo premortal seguir el plan de Dios se les permitió progresar al mundo mortal naciendo en cuerpos físicos. Al hacerlo, atravesamos el «velo del olvido» por el que se olvidaron nuestros conocimientos, recuerdos y experiencias de vivir en la presencia directa de Dios. Esto nos obliga a elegir el bien y el mal y a «andar por fe y no por vista»; de lo contrario, no podríamos ser debidamente probados en cuanto a nuestra fidelidad.[32] En cada elección que hacemos,

---

31 2 Nefi 2:25 (Libro de Mormón).
32 *Predicad mi Evangelio*, 49.

utilizamos nuestra capacidad de elegir el bien o el mal, la justicia o el pecado, y somos capaces de elegir el bien del mismo modo que somos capaces de cometer el mal.

Cuando vinimos a la tierra al nacer, nuestros cuerpos espirituales estaban revestidos de cuerpos físicos como el de Dios. Sin embargo, los nuestros difieren del de Dios debido a la caída; aún no estamos perfeccionados, inmortales o glorificados como lo está el Padre Celestial, por lo que debemos vivir en esta vida sujetos a la enfermedad, el dolor y la muerte. También estamos sujetos a ceder a las tentaciones, tanto externas como internas, físicas y espirituales, y podemos cometer pecado, que es el quebrantamiento de los mandamientos de Dios. Los miembros SUD se centran en cómo el pecado es infelicidad y la rectitud es felicidad. El «Plan de Salvación» es a menudo llamado el «plan de felicidad», por el cual, si viven de acuerdo a todas las «leyes y ordenanzas del evangelio», recibirán el perdón de los pecados, podrán regresar a vivir con Él, y serán felices.[33] Todo este plan es la «obra de Dios y [Su] gloria: llevar a cabo la inmortalidad y la vida eterna del hombre».[34]

En el centro de este plan está Jesucristo, el Hijo literal de Dios que fue elegido en el concilio premortal para ser nuestro Salvador. Cristo vino a la tierra, vivió perfectamente el plan y los mandamientos de Su Padre, y sufrió por nuestros pecados para que podamos tener vida eterna si seguimos el plan de Dios. La siguiente sección habla en mayor detalle sobre la expiación de Cristo.

La expiación universal: Del jardín a la tumba

Después de que Cristo se ofreciera voluntariamente para ser el Salvador de la humanidad, se decidió que nacería de la virgen María mediante una intervención milagrosa de Dios. Cristo era

---

33 *Predicad mi Evangelio*, 48.
34 Moisés 1:39 (La Perla de Gran Precio).

literalmente el Hijo de Dios tanto en espíritu como en cuerpo físico, mientras que el resto de los hijos de Dios sólo lo son según el espíritu. Siendo a la vez el hijo literal de Dios y el hijo primogénito espiritual de Dios Padre y Dios Madre, Cristo pudo vivir como mortal permaneciendo completamente libre de pecado. Es la naturaleza sin pecado de Jesús lo que le capacitó para ser el Salvador de la humanidad. Sólo el inmaculado Cordero de Dios podía expiar los pecados de la humanidad. La expiación no sólo tenía que ser llevada a cabo por alguien completamente libre de pecado, sino que también tenía que ser infinita (sin límites en términos de eficacia o poder con respecto a quién y por cuántos pecados puede ser aplicada) y eterna (sin limitaciones en términos de tiempo).[35] A diferencia de los sacrificios de animales del Antiguo Testamento en el tabernáculo y el templo, que debían realizarse regularmente cada año, el sacrificio de Jesús fue único y para siempre.

Jesús llevó a cabo la expiación a lo largo de varios días. Comenzó en el huerto de Getsemaní la noche en que fue traicionado por Judas, continuó al día siguiente cuando murió en la cruz y se completó el día en que resucitó de entre los muertos.

En el huerto de Getsemaní, Jesús tomó sobre Sí los pecados de toda la humanidad y sufrió tanto que sangró por todos los poros de Su cuerpo.[36] Jesús venció a la muerte física sufriendo y muriendo en la cruz del Calvario y resucitando de la tumba. Cuando Jesús murió, su espíritu se separó de su cuerpo y fue al mundo de los espíritus. Al tercer día de su muerte, Jesús resucitó cuando su espíritu se reunió con su cuerpo. Su cuerpo resucitado había sido rejuvenecido y perfeccionado en un estado glorificado igual que el cuerpo de Su Padre. La resurrección de Jesús concede a todos los seres humanos, buenos o malos, el don de la resurrección. Por eso este aspecto de la expiación es incondicional (lo que significa que no tenemos que hacer nada para recibirlo) e ilimitado (todo el mundo lo recibirá). Los pasajes

---

35   Véase Alma 34:9-14 (Libro de Mormón).
36   Véase Mosíah 3:7-8 (Libro de Mormón).

de la Biblia que hablan de la salvación como un don gratuito, como Efesios 2:8-9, a veces son descritos por los misioneros SUD como hablando específicamente de la resurrección, ya que es un don completamente gratuito dado a todos, mientras que la exaltación y la vida eterna no son dones completamente gratuitos, sino que tienen condiciones adjuntas.

El Libro de Mormón describe la victoria de Jesús sobre la muerte física, afirmando que además de «soltar las ligaduras de la muerte», Jesús tomó sobre sí «los dolores y las enfermedades de su pueblo».[37] En este sentido, los Santos de los Últimos Días miran hacia la expiación no sólo como la fuente para el perdón de los pecados, sino también para el consuelo en las pruebas, las enfermedades y el sufrimiento. Todo posible estado negativo de la condición humana fue sentido por Jesús en el huerto de Getsemaní y en la cruz. De este modo, Él puede «socorrer a su pueblo según sus debilidades» mientras se acerca a Dios.[38]

Puesto que «el Señor no puede considerar el pecado con el más mínimo grado de tolerancia»,[39] la expiación de Cristo fue provista para que podamos quedar completamente limpios de nuestros pecados. Si elegimos seguir las leyes y ordenanzas del evangelio y caminar por el sendero que Dios nos ha dado en el Plan de Salvación, podemos recibir los beneficios de la expiación de Jesús a través de la fe en Jesucristo, el arrepentimiento del pecado, recibiendo el bautismo y el don del Espíritu Santo, tomando el sacramento cada semana (pan y agua - lo que la mayoría de los cristianos llaman la Eucaristía o la Cena del Señor), y perseverando hasta el fin. Esto se describe con más detalle en los capítulos 3 y 4 de la *PME*. Mientras seguimos a Cristo, nos esforzamos por vivir los mandamientos, y «hacemos todas las cosas que el Señor [nuestro] Dios nos mande», continuaremos recibiendo el perdón de los pecados y llegando a ser más como Cristo.[40]

---

37   Alma 7:11-13 (Libro de Mormón).
38   Alma 7:12 (Libro de Mormón).
39   Véase Alma 45:16 (Libro de Mornón) y Doctrina y Convenios 1:31.
40   Abraham 3:25 (Perla de Gran Precio).

Cuando seamos llevados ante Cristo para ser juzgados después de la muerte, seremos castigados o recompensados en la otra vida en función de si aceptamos el Evangelio y de lo fieles que fuimos a nuestros pactos hechos en el bautismo y otras ordenanzas. Pero antes de comparecer ante Dios para ser juzgados y clasificados en un lugar de descanso final en la eternidad, nos espera el mundo espiritual.

El mundo espiritual

Al morir, nuestros espíritus abandonan nuestros cuerpos físicos para entrar en el mundo espiritual, donde conservamos nuestras personalidades, conocimientos y comportamiento de la mortalidad. Aquellos que a sabiendas eligieron rechazar a Cristo en la tierra seguirán rechazándolo, y aquellos que amaron a Cristo seguirán amándolo. Seguiremos necesitando crecimiento y progresión espiritual e intelectual, lo que implica que posiblemente seguiremos pecando en el mundo espiritual. Sin embargo, habrá disponibilidad continua para practicar el arrepentimiento para el perdón de los pecados.

En el mundo espiritual, hay una división entre los justos (los que creen y siguen a Cristo) y los malvados (los que no creen ni siguen a Cristo) al ser separados en «paraíso» y «prisión espiritual». El Libro de Mormón describe que permaneceremos en nuestros respectivos dominios, ya sea en un «estado de felicidad... descanso... paz» o en un «estado de horrible y temerosa espera de la... ira de Dios sobre [nosotros]» en el mundo de los espíritus hasta la resurrección.[41] En la resurrección, los espíritus de todos los humanos que vivieron en la tierra se reunirán con sus cuerpos físicos en un estado completo e inmortal.

De acuerdo con las enseñanzas SUD, el trabajo misionero, junto con el crecimiento espiritual y el arrepentimiento, se lleva a cabo en el mundo de los espíritus (muy parecido a como se

---

41   Alma 40:12-14 (Libro de Mormón).

hace en la tierra ahora mismo). Tras la muerte de Cristo, Él también entró en el mundo de los espíritus y preparó siervos fieles que estaban esperando en el paraíso para compartir el evangelio con aquellos que no habían escuchado las buenas nuevas del evangelio.[42] Los dos textos bíblicos usados para apoyar la doctrina de que Jesús compartió el evangelio en el mundo de los espíritus son 1 Pedro 3:18-20 y 1 Pedro 4:6. Aquellos que aceptan el evangelio SUD en el mundo espiritual y reciben las ordenanzas esenciales que se realizan en los templos SUD en su nombre pasarán de la prisión espiritual al paraíso. Esto revela la razón por la cual las ceremonias del templo son tan especiales para ellos: tanto ellos como sus antepasados difuntos son preparados por estas ceremonias para entrar en la presencia de Dios como familias unidas por el sacerdocio. Esto se describirá con más detalle en la Lección 4 de la *PME*, «Llegar a ser discípulos de por vida de Jesucristo».

Resurrección, Juicio y moradas en el Cielo

Mientras que la resurrección es dada a todos, «la vida eterna y la exaltación son dones de Dios dados a aquellos que obedecen plenamente el evangelio de Jesucristo».[43] Después de que cada alma ha tenido la oportunidad de escuchar y aceptar o rechazar el evangelio y ha sido resucitada, sea justa o malvada, debe presentarse ante Cristo para ser juzgada. El juicio es cuando somos ordenados en nuestros lugares de descanso final; es el punto de no retorno. No hay botón de reinicio ni segunda oportunidad una vez que estamos ante Dios para ser juzgados. La Biblia describe la apertura de los «libros» por los cuales seremos juzgados en el último día (Apocalipsis 20:12). Si hemos aceptado a Cristo por fe, nos hemos arrepentido de nuestros pecados, hemos recibido las ordenanzas salvadoras

---

42   Véase Doctrina y Convenios 138.
43   *Predicad mi Evangelio*, 53.

del sacerdocio y hemos perdurado hasta el fin obedeciendo a Dios y guardando todos nuestros convenios, volveremos a vivir con el Padre Celestial. De lo contrario, todavía tendremos la vergüenza y la culpa de nuestros pecados sobre nosotros y no recibiremos todas las bendiciones que Dios tiene reservadas para los fieles.

Jesús dijo a sus discípulos, *En la casa de mi Padre muchas moradas hay* (Juan 14:2). Los miembros SUD ven esto de una manera más literal en que hay separaciones dentro del cielo, y dependiendo de su fidelidad será el destino. Aquellos que aceptaron el evangelio y las ordenanzas salvadoras del bautismo y el don del Espíritu Santo por los poseedores del sacerdocio dentro de la Iglesia SUD (ya sea en vida o de aquellos que realizaron las ordenanzas por poder en un templo SUD) y perduraron fielmente hasta el final serán clasificados en el reino más alto de gloria - el reino celestial.

Dentro del propio reino celestial, existen tres separaciones. El escalón más alto es el del estado de exaltación. Ahí es donde los miembros SUD que guardan todos sus pactos hechos en el bautismo reciben el sacerdocio (para los hombres), y aquellos que permanecen fieles en sus templos permanecerán sellados a su cónyuge (o cónyuges, ya que los hombres pueden ser sellados a más de una mujer en el templo SUD en su vida y potencialmente permanecer sellados a ellas) y a sus hijos en el cielo. Llegarán a ser tal como el Padre Celestial es ahora con la promesa de que «Pasarán por los ángeles, y los dioses, que están puestos allí, a su exaltación y gloria en todas las cosas... Entonces serán dioses, porque no tienen fin; por tanto, serán de eternidad en eternidad».[44] Recibir la exaltación (también llamada vida eterna, o «vidas eternas») es la meta más alta de todo miembro SUD, y es la meta de los misioneros preparar a otras personas para recibir esa misma gloria.[45]

---

44   Doctrina y Convenios 132:19-20.
45   Doctrina y Convenios 132:24.

El segundo reino, el reino terrenal, está preparado para aquellos que comparecen en el juicio ante Cristo, pero que no aceptaron ni vivieron fielmente la plenitud del evangelio de Jesucristo tal como lo enseña la Iglesia SUD. Estas personas son descritas como aquellos que vivieron «vidas honorables»[46] o aceptaron a Cristo, pero no fueron «valientes en el testimonio de Jesús».[47] Esto puede incluir a personas no SUD que creen en Jesús, pero se negaron a aceptar las leyes y ordenanzas SUD, así como miembros SUD que no guardaron fielmente todos los pactos que hicieron con Dios en el bautismo y/o el templo.

El tercer y último reino de gloria, el reino telestial, está preparado para aquellos que rechazaron completamente a Cristo y Su mensaje en la mortalidad y en el mundo espiritual, pero que aún fueron fieles en el mundo premortal al elegir el plan de Jesús de venir a la tierra.[48]

Aquí es donde normalmente se detienen los misioneros, pero los Santos de los Últimos Días también creen que hay un cuarto reino, pero no es un reino de gloria. Este reino es el del diablo, Lucifer, y todos sus ángeles que fueron expulsados del cielo por rebelión. Clasificados en este reino están aquellos que tenían un perfecto conocimiento y testimonio de Dios, sin embargo, lo rechazaron con pleno y completo conocimiento en entendimiento. Esto es lo que se conoce como «tinieblas exteriores». Se dan más detalles en Doctrina y Convenios 76:32-33.

En este punto, cae el telón. Aquellos que son justos vivirán en un reino de gloria y felicidad en el cielo, dependiendo de su fidelidad, y aquellos que a sabiendas y voluntariamente rechazan a Dios pasarán la eternidad en las tinieblas exteriores. A partir de ahí, los Santos de los Últimos Días especulan que aquellos que reciban el reino de gloria más elevado, es decir, la exaltación en el reino celestial, podrán tener descendencia espiritual en las

---

46   *Predicad mi Evangelio*, 54
47   Doctrina y Convenios 76:79.
48   Véase Doctrina y Convenios 76:81-86.

eternidades, o una «continuación de las semillas por los siglos de los siglos».[49] Ellos continuarán el linaje de la familia de Dios en la eternidad. Así como estos fieles Santos de los Últimos Días fueron hijos espirituales del Padre Celestial y de la Madre Celestial, los esposos y esposas sellados esperan tener hijos espirituales. Hay desacuerdo en cuanto a los detalles de ser exaltado, si van a crear sus propios planetas, galaxias y universos, o si simplemente van a seguir sometiéndose a Dios Padre y crear hijos espirituales para Su creación. Independientemente, los miembros SUD ven el Plan de Salvación de Dios como un ciclo continuo que se repite a través de los eones a medida que nacen nuevos hijos espirituales que alcanzarán la exaltación y la vida eterna, y que a su vez crean a sus hijos que trabajan hacia la meta de alcanzar la vida eterna y la exaltación, en «una ronda eterna».[50]

Habiendo expuesto todo el Plan de Salvación SUD, ahora daré una respuesta desde una perspectiva bíblica.

Una respuesta bíblica

Ahora que hemos visto la comprensión de los Santos de los Últimos Días del plan de Dios para nosotros, veamos cómo discrepa de una comprensión histórica de lo que enseña la Biblia. La Biblia difiere en muchos aspectos de la doctrina SUD del mundo premortal, y las consecuencias de esta doctrina son como ondas en un estanque que crecen y se extienden para afectar todo a su alrededor.

La primera línea del libro del Génesis dice, *En el principio creó Dios los cielos y la tierra* (Génesis 1:1). Esto indica varias doctrinas importantes:

1. Todo surgió tal como es durante la creación.

2. La creación fue cuando comenzó el tiempo (no había nada sucediendo en una secuencia de tiempo antes del comienzo).

---

49   Doctrina y Convenios 132:19.
50   Véase 1 Nephi 10:19; Alma 7:19-20 (Libro de Mormón).

3. Al principio, Dios creó a la humanidad. Este último punto es confirmado por Zacarías, que declara, *Profecía de la palabra de Jehová acerca de Israel. Jehová, que extiende los cielos y funda la tierra, y forma el espíritu del hombre dentro de él, ha dicho* (Zacarías 12:1). El pasaje bíblico más comúnmente utilizado por los Santos de los Últimos Días para apoyar su afirmación de que vivimos con Dios en el cielo durante nuestra existencia premortal es Jeremías 1:5: *Antes que te formase en el vientre te conocí.* Pero ¿es eso lo que dice este versículo? Cuando consideramos el hecho de que Dios es eterno y no está sujeto a los límites del tiempo como nosotros los mortales, comprendemos que Dios ve y conoce todas las cosas que suceden, ya sean pasadas, presentes o futuras. Dios no necesitaba ver a Jeremías frente a Él para conocerlo antes de su nacimiento. Dios, que es atemporal y eterno, no experimenta el tiempo como nosotros. Él escogió a Jeremías antes de que naciera y lo vio en su papel de profeta mucho antes de que sus padres o los padres de sus padres pisaran la tierra.

En cuanto a la creencia SUD de que cada ser humano es un hijo espiritual literal del Padre Celestial y la Madre Celestial, la Biblia enseña que no somos hijos literales de Dios por naturaleza. Sólo es posible que aquellos que creen en Cristo puedan llegar a ser hijos por adopción, sólo por gracia a través de la fe sólo en Cristo. Estos son los que le *recibieron*, y a ellos *Dios les dio el derecho de llegar a ser hijos de Dios* (Juan 1:12). En cuanto al momento en que llegamos a existir, la Biblia enseña que Dios nos formó dentro del vientre de nuestra madre. El salmista alaba al Señor por esto: *Porque tú formaste mis entrañas; Tú me hiciste en el vientre de mi madre* (Salmo 139:13) y *Tus manos me hicieron y me formaron* (Salmo 119:73).

La Biblia lo confirma al describir cómo Adán cobró vida por primera vez en la creación: *Entonces Jehová Dios formó al hombre del polvo de la tierra, y sopló en su nariz aliento de vida, y fue el hombre un ser viviente* (Génesis 2:7). En consecuencia, Adán no pudo ser previamente el arcángel Miguel, y en ninguna parte de las Escrituras se enseña esto.

La enseñanza de que la caída de Adán y Eva se planteó como una situación contradictoria en la que o bien podían abstenerse del fruto del árbol del conocimiento del bien y del mal, o bien podían participar del fruto y tener hijos, pero no podían hacer ambas cosas simultáneamente, también está ausente del relato del Génesis. Es totalmente posible, al menos hipotéticamente, que Adán y Eva pudieran haber permanecido fieles y haber tenido descendencia en el jardín del Edén. Es sólo el Libro de Mormón el que obliga esta contradicción. La caída de Adán y Eva es considerada por la mayoría de los cristianos como una verdadera caída que trajo dolor, muerte, enfermedad, sufrimiento, ruina y pecado a toda la humanidad. Pablo escribió a sus compañeros creyentes en Éfeso y comentó sobre su estado espiritual antes de ser salvados, diciendo que *estaban muertos en delitos y pecados, satisfaciendo los deseos de la carne y siendo hijos de ira* (Efesios 2:1-3). En resumen, estábamos espiritualmente perdidos.

Afortunadamente, para los verdaderos cristianos, los que confían en Cristo y han nacido de nuevo, esto sólo fue posible porque Dios, *que es rico en misericordia, por su gran amor con que nos amó, aun estando nosotros muertos en pecados, nos dio vida juntamente con Cristo (por gracia sois salvos), y juntamente con él nos resucitó, y asimismo nos hizo sentar en los lugares celestiales con Cristo Jesús*, (Efesios 2:4-6). Fuimos salvados del estado de abierta rebelión contra Dios y convertidos en nuevas creaciones (2 Corintios 5:17). Los creyentes nacidos de nuevo ya no están bajo la ira de Dios, sino que abundan en Su gracia y amor redentor (1 Timoteo 1:12-17).

En el tema de la expiación de Cristo, hay dos desviaciones significativas de la Biblia en las creencias SUD. La primera es que ellos creen que Jesús sangró por cada poro de Su cuerpo en el jardín de Getsemaní. La segunda es que ellos creen que Jesús pagó el precio por nuestros pecados mientras oraba en el jardín de Getsemaní. Los cristianos reconocen que el sufrimiento de Jesús en el huerto fue una realidad, pero no creen que fue entonces cuando pagó la deuda por nuestros pecados. El sufrimiento y la muerte de Cristo en la cruz es el acontecimiento que reconcilió al hombre con Dios (véase 1 Pedro 2:24; 1 Corintios 1:18; Colosenses 1:20; Efesios 2:16).

Aunque la oración de Cristo en el huerto de Getsemaní resultó en agonía hasta el punto de que era *su sudor como grandes gotas de sangre que caían hasta la tierra.* (Lucas 22:44), esto no significaba que estuviera sangrando por todos los poros. Si ese fuera el caso, Jesús habría estado absolutamente empapado en sangre, pero el relato no lo dice explícitamente, ni está implícito por la forma en que otros interactuaron con Él después de su oración.

En cuanto a los diversos reinos de gloria en el cielo tal como creen los Santos de los Últimos Días, es cierto que Jesús dijo en Juan 14 que iría a preparar un lugar para Sus discípulos. Sin embargo, aunque la Biblia indica que habrá recompensas de acuerdo a nuestras obras, no indica que haya divisiones rígidas en el cielo que separen a los santos basados en la fidelidad. El único pasaje que los misioneros SUD señalan como evidencia de los reinos celestial, terrestre y telestial es 1 Corintios 15. La versión Reina Valera de la Biblia habla de *la gloria de lo celestial* y la *gloria de lo terrestre* (1 Corintios 15:40).

A primera vista, ciertamente puede parecer que la Biblia menciona los reinos celestial y terrestre. Sin embargo, cuando José Smith estaba trabajando en su «traducción» de la Biblia, añadió una frase al versículo 40 para que diga lo siguiente (los cambios de la versión Reina Valera están en negrita): «También los cuerpos celestes, y los terrestres, y **los telestesiales**; pero la gloria de los celestes, una; y la de los terrestres, otra; **y la de los**

telestesiales, otra».[51] Esto puede parecer lógico para el público mormón, ya que el versículo siguiente describe «una gloria del sol, y otra gloria de la luna, y otra gloria de las estrellas», aunque en el versículo anterior sólo se mencionan dos cuerpos (cuerpos celestes y cuerpos terrestres), por lo que debía de haber un tercer cuerpo que faltara o fuera eliminado. Sin embargo, si examinamos las palabras griegas traducidas al español como «celestial» y «terrestre», son las palabras *epourania* (basada en *epouranios*, que significa aproximadamente «del cielo» o «en la esfera celestial») y *epigeia* (basada en *epigeios*, que significa aproximadamente «de la tierra»), respectivamente.

La mayoría de los traductores modernos de la Biblia, con la intención de traducir con mayor precisión del griego original para los lectores ingleses modernos, traducen estas palabras como «celestial» y «terrenal», respectivamente.

Por ende, el pasaje no está hablando de diferentes reinos de gloria, sino que está comparando la diferencia de majestuosidad entre los cuerpos que uno puede encontrar en el cosmos (*sol... luna... y las estrellas*, 1 Corintios 15:41) y los cuerpos en la tierra (*hombres... animales... peces... aves*, 1 Corintios 15:39). Traducir estas palabras como «celestial» y «terrestre» no es en absoluto una traducción mala o defectuosa, si se entiende lo que los traductores de la Reina Valera quisieron decir originalmente. Sin embargo, se trata de palabras que rara vez se utilizan en el habla común hoy en día y no expresan claramente el sentido del escrito de Pablo. Para evitar este tipo de confusiones e interpretaciones incorrectas, los biblistas recomiendan no confiar en una única traducción de la Biblia. En su lugar, deberíamos basarnos en varias traducciones (si se tiene esa oportunidad) y compararlas para obtener el sentido correcto de un pasaje.[52]

---

51   1 Corintios 15:40 (Traducción de José Smith).

52   Sobre este pasaje, véase Robert M. Bowman Jr., "Three Kingdoms of Glory: Joseph Smith, 1 Corinthians 15, and Doctrine and Covenants 76," https://mit. irr.org/three-kingdoms-of-glory-joseph-smith-1-corinthians-15-and-doctrine-covenants-76.

Continuando con la visión de los Santos de los Últimos Días de las tinieblas exteriores, la Biblia pinta un cuadro diferente con respecto al infierno. Nos guste o no, el infierno es un lugar que se describe en las Escrituras como una realidad. Puede o no estar literalmente cubierto de fuego y azufre o con demonios en mantos y guadañas, y ni estamos seguros de dónde está, o si siquiera tiene una ubicación espacial específica, pero es un estado real del ser que no sólo está reservado para muy pocos. En el Nuevo Testamento, Jesús habló de la realidad del infierno, ya sea en el «Hades», traducido aproximadamente como el mundo de los espíritus o de los muertos, o en el «Gehena», la morada eterna de los condenados y que hay muchos que van allí. De hecho, Jesús habló del infierno más que cualquier otra figura o autor del Nuevo Testamento. Jesús habló de ello más claramente en su parábola del hombre rico y Lázaro, relatada en Lucas 16. En esta parábola, el hombre rico disfrutaba de las cosas buenas de esta vida, pero no conocía al Señor, mientras que Lázaro era un hombre pobre que no disfrutaba de tales placeres y sufría mucho con llagas y hambre. Los dos murieron, y Jesús dijo que *murió también el rico, y fue sepultado. Y en el Hades alzó sus ojos* (Lucas 16:22-23). Aunque se trata de una parábola y se discute si se refiere a un hecho real o es simplemente una historia ilustrativa, Jesús no parece alegorizar ni trivializar en modo alguno la difícil situación del hombre rico, y no la cuenta sólo para causar efecto.

Jesús describe aquí la posibilidad de estar en tormentos después de la muerte como una realidad vívida que no es simplemente para aquellos que cometen los pecados más atroces imaginables, o incluso sólo para aquellos que cometen el pecado imperdonable de negar al Espíritu Santo. El infierno (Hades o Gehena) se describe como la morada de aquellos que buscan las cosas de este mundo y no tienen ninguna preocupación por el evangelio de Cristo o de las cosas celestiales. Mientras los misioneros SUD pueden decir que esto está hablando de la Prisión del Espíritu y no un infierno eterno, no parece haber ninguna esperanza para el hombre rico en este tormento. Clama a Abraham por misericordia, pero no encuentra alivio. Tampoco hay misioneros que le enseñen el evangelio para que pueda pasar de la «Prisión Espiritual» al «Paraíso Espiritual». Él está en un estado que no puede ser cambiado, alterado, o aliviado.

Sobre este mismo tema de la vida después de la muerte, no hay ninguna indicación de que habrá una segunda oportunidad para aceptar a Cristo en la otra vida. Las Escrituras describen el evangelio como predicado y aceptado en la mortalidad. No hay trabajo misionero en la otra vida, y ser bautizado en nombre de nuestros antepasados difuntos no los acerca a Dios. La descripción de Pablo de *ser bautizado por los muertos* en 1 Corintios 15:29 es una mención pasajera y no parece indicar que Pablo esté recomendando, sancionando u ordenando tal práctica. Es un punto menor en un discurso más largo con el propósito de refutar a aquellos que niegan la idea de la resurrección. Basar todo un sistema y un conjunto de doctrinas en torno a una sola declaración breve, críptica y poco clara es una forma muy peligrosa de interpretar la Palabra de Dios. Esa es una de las razones por las que ninguna denominación cristiana notable (aparte de los grupos marginales) ha practicado históricamente el bautismo por poderes para los difuntos.

En cuanto a cómo la Biblia describe nuestro estado después de la muerte, o morimos en Cristo y somos llevados inmediatamente a la presencia de Dios, o morimos rechazando a Cristo por completo y tenemos un destino similar al del hombre rico de Lucas 16. La Escritura dice que está *establecido que los hombres mueran una sola vez, pero después de esto el juicio* (Hebreos 9:27), y este es nuestro caso. Toda la humanidad, sin excepción, morirá y será juzgada ante Dios.

Sin embargo, los cristianos tenemos la bendita esperanza de

que una vez que muramos, si realmente hemos confiado sólo en Cristo para salvarnos de nuestros pecados, seremos justificados (declarados justos), al igual que *Abraham creyó a Dios, y le fue contado por justicia* (Romanos 4:3; véase también Génesis 15:6). Aquellos que confían solo en Cristo para salvarlos serán juzgados justos porque el Padre nos verá vestidos con la perfecta justicia de Jesús. Aquellos que mueren sin conocer o confiar en Cristo no tendrán este consuelo, y serán juzgados basados en su propia «justicia» para determinar si entran al cielo o no. Sin embargo, sabemos que *todos han pecado y están destituidos de la gloria de Dios* (Romanos 3:23), y de acuerdo a la perfecta norma de santidad de Dios, *No hay justo, ni aun uno. . .. No hay justo, ni aun uno que haga lo bueno* (Romanos 3:10, 12). Es vital para todas las personas en todas partes confiar en Cristo ahora, mientras que todavía tienen la oportunidad - porque no serán capaces de entrar en la presencia de Dios sobre la base de lo que hacen o de cualquier otra manera. Solo la sangre de Cristo puede limpiarnos y hacernos perfectos cuando estemos ante Dios para ser juzgados.

Espero y oro para que leas atentamente la Palabra de Dios y la consideres, como hace el salmista, *una lámpara para [tus] pies y una luz para [tu] camino* (Salmo 119:105). Mientras que los misioneros SUD pueden pretender tener respuestas a preguntas que los evangélicos no tienen, como de dónde venimos y a dónde vamos, si nos apoyamos en lo que dice la Palabra de Dios, *y si santificamos al Señor Dios en [nuestros] corazones, siempre estaremos listos para dar una defensa a todo el que [nos] pida una razón de la esperanza que hay en [nosotros]* (1 Pedro 3:15). Como cristianos, nuestra esperanza es la vida eterna en Cristo y la promesa de que resucitaremos con Él en la gloria en el último día a causa de su justicia y fidelidad. Cuando tenemos esta esperanza, nos damos cuenta de que cualquier sustituto no puede ni siquiera acercarse a ella.

Que el Señor te bendiga en tu caminar cristiano y en tus interacciones con nuestros amigos SUD - muchos de los cuales están buscando desesperadamente esta misma esperanza.

* * * *

Matthew Eklund nació y creció en la fe SUD en el norte de Utah. Tras servir dos años en la Misión Bélgica-Bruselas/ Países Bajos, obtuvo una licenciatura en Ingeniería Mecánica y un máster en Ingeniería Nuclear en la Universidad de Utah, y un doctorado en Ingeniería y Ciencias Nucleares en el Instituto Politécnico Rensselaer. Actualmente es investigador en el Laboratorio Nacional de Idaho en Idaho Falls, Idaho. Es copresentador del podcast *Outer Brightness*, donde comparte sus experiencias sobre la transición de la fe SUD al cristianismo protestante. Le gusta leer, jugar y pasar tiempo con su mujer. *Los Cazafantasmas* es y ha sido su franquicia cinematográfica favorita desde la infancia.

Capítulo 6

Lección misionera tres: El evangelio de Jesucristo

Por Paul Nurnberg

Mi infancia en Salt Lake City, Utah, fue idílica. Pasaba las tardes de verano con mis amigos subiendo a cuevas en las estribaciones de la ciudad, pescando guppys, nadando, montando en bicicleta y practicando deportes. Nos quedábamos fuera hasta el atardecer, cuando los tonos naranja feroz y rosa flamenco se desvanecían en púrpuras oscuros sobre las montañas Oquirrh ennegrecidas por las sombras y el frescor de la noche descendía sobre nuestro hermoso valle.

Pero no todo era inocencia infantil. Mis amigos y yo solíamos mendigar monedas para poder jugar a Super Mario Brothers en el Gas 'N Go o para atiborrarnos de tartas de frutas que vendían en el escaparate trasero de la panadería como «rechazos de calidad» a cuarenta céntimos la docena. En mi caso, robaba algo de cambio del monedero de mi madre, del «frasco de las groserías y las peleas» de la familia y, cuando había agotado esos recursos, de la querida colección de monedas de mi padre, que guardaba desde niño. Esto último dio lugar a una investigación. Mi hermana mayor me delató. Me había visto robando cambio del frasco familiar.

Como represalia, tomé pintura roja para camisetas de mi madre y la mayoría de las muñecas Barbie y Ken de mis hermanas, y me dirigí al porche. Una vez allí, arranqué los brazos, las piernas y las cabezas de las muñecas y les añadí pintura de camisetas para crear una escena de carnicería plástica que hizo llorar a mis hermanas y también a mi madre, que no sabía cómo lidiar conmigo. Ese día, temía el regreso de mi padre del trabajo. Ahora mis hermanas bromean y lo llaman «La gran masacre de Barbie de 1986», pero sigo horrorizado por el nivel de depravación que cometí a los ocho años. Sid, de *Toy Story*, me detona.

Cuando tenía nueve años, nos mudamos a las afueras. Rápidamente me gané una reputación de alborotador en nuestro barrio, muy unido y mayoritariamente mormón. Había aprendido de un amigo lo que significa «exhibirse» a alguien y, para regocijo y risas de mi amigo, enseguida me exhibí a las chicas de al lado. Los mormones pueden ser gente buena e indulgente. A pesar de sus reservas, los padres de las vecinas me permitieron ser amigo de su hijo y pasar el rato en su casa. Una tarde les devolví la confianza colándome en la habitación de su hija mayor y utilizando un rotulador *Sharpie* para dibujar bigotes en todos sus posters de Kirk Cameron. Era un canalla.

De adolescente, continué con mi rebeldía, junto con otros dos amigos. Probé la cerveza por primera vez con un amigo. Era una Coors Light que había robado de la mini-nevera de su padrastro y que había mantenido escondida durante una semana a la sombra detrás de su cobertizo. Un caluroso día de verano, saltó la valla que separaba nuestros patios y nos turnamos para beber a sorbos la dorada lata. Aquella cerveza caliente sigue siendo lo peor que he probado en mi vida.

Los tres nos volvimos locos. Hicimos un trato con el dueño

de un bar, si comprábamos comida (Philly cheesesteaks, champiñones fritos y «cervezas locales»), nos dejaría pasar las tardes de principios de verano antes de la Hora Feliz jugando al billar en su establecimiento. Nuestras tardes de billar cargadas de palabrotas duraron varias semanas, hasta que un policía nos vio entrar una tarde, nos puso fin y avisó a nuestros padres.

Una vez nos amenazaron con expulsarnos del colegio porque habíamos interrumpido una actuación de la banda escolar lanzando aviones de papel desde la fila superior del auditorio. Uno de los aviones bajó flotando y se detuvo justo al lado del podio del director.

En otra ocasión, nos detuvieron a todos por vandalismo. Uno de nosotros había vertido una olla de sopa en el coche de un vecino porque su hijo nos había tirado piedras mientras jugábamos al baloncesto. Los demás habían estado presentes y trataron de encubrirlo creando la coartada de que no podíamos haberlo hecho porque todos habíamos pasado la noche en mi casa. Un coche de policía delante de casa un domingo por la mañana consolidó mi reputación.

Aquel día, después de la iglesia, mis padres y yo tuvimos una tensa reunión con el obispo. Me habían ordenado diácono y me habían prohibido pasar o recibir el sacramento de la Cena del Señor durante varios meses. A todo esto, se sumaron las mentiras contadas a mis padres, al obispo, a los funcionarios del colegio y a la policía. Cuando mi exasperada madre me preguntó por qué causaba tantos problemas, lo único que atiné a decir fue: «No lo sé». Aunque aún no había leído las *Confesiones* de Agustín, la fría constatación de que disfrutaba con la rebeldía retumbaba contra las paredes de mi mente aquel día y se sumó a mi sentimiento de culpa. ¿Por qué no podía ser un buen chico?

Más tarde, pasé un par de años atormentado por la culpa. Había caminado hasta el borde del precipicio del pecado sexual. No me había despeñado, pero tampoco me había alejado del precipicio. Me habían enseñado que el pecado sexual sólo era superado en gravedad por el asesinato y la negación del Espíritu Santo.[53] Esa culpa me puso en el camino de aprender cómo se siente la gracia. Durante una entrevista rutinaria con el obispo (un obispo diferente al anterior), me preguntó si había algún pecado en mi vida que requiriera confesión. Sabía que, según las enseñanzas de la Iglesia, lo que había hecho requería confesión, pero mentí.

Mientras caminaba a casa ese día, el sol caliente del verano se sentía como los fuegos del infierno lamiéndome el cuello - ¡y los mormones ni siquiera creen en el infierno! Convencido, di media vuelta, volví a la iglesia y, avergonzado, llamé a la puerta del obispo. Confesé lo que había hecho -todo lo que había hecho- en un torrente de admisiones. Incluí todo lo que ya he mencionado, así como un balón de baloncesto robado, llamar gordo a un chico durante un partido de baloncesto de la iglesia porque me había hecho enfadar, faltar a clase de religión para ir a desayunar con los amigos y beber café.

Cuando terminé, se limitó a mirarme con compasión, y luego me leyó un pasaje del Libro de Mormón sobre la conversión de Alma el Joven.[54] Luego dijo, «Pablo, parece que has estado muy preocupado por estas cosas, y eso es una parte del arrepentimiento. Confesarme es otra. Pero creo que el Padre Celestial ya te ha perdonado por lo que has hecho. Ahora tienes que aprender a perdonarte a ti mismo». Cuando salí de su despacho por segunda vez aquel día, me sentía más ligero que el aire.

Tres años más tarde, ese mismo obispo me guiaría a través del proceso de presentación de mi solicitud para servir como misionero SUD. En la víspera de mi entrevista final con mi presidente de estaca, salí a jugar billar con unos amigos y bebí alcohol. Había quebrantado la Palabra de Sabiduría. A la mañana siguiente, mientras confesaba mi último pecado, traté

---

53   Véase Alma 39:5 (Libro de Mormón).
54   Véase Alma 36 (Libro de Mormón).

de minimizarlo diciendo que sólo había sido un «pequeño sorbo». El presidente de mi estaca retrasó la presentación de mi solicitud durante tres meses.

Puede que hayas notado un patrón en mi historia: pecado, culpa, confesión... repetición. Continué ese ciclo de pecado/arrepentimiento a lo largo de mi misión, confesando a mi presidente de misión indiscreciones que había olvidado, pero que, en el contexto de una misión en la que se insiste en la obediencia estricta, volvían precipitadamente para atormentar mi mente con culpa. También volví a confesar pecados que ya había cubierto con otras autoridades, exasperando a mi presidente de misión. También me habló de la gracia y el perdón. Como misionero, me enseñaron y creí que la gente sólo aceptaría mi predicación del «evangelio restaurado» si yo era digno. No levantarme a las 6:30 a.m. o no estar de vuelta en nuestro apartamento a las 9:30 p.m., pensar demasiado en casa, albergar sentimientos de ira hacia mi compañero, o cualquier otra infracción de las reglas de la misión o pecado de omisión me mantenían atado a cadenas de culpa y sintiéndome indigno.

Lo que hay que esperar cuando los misioneros SUD enseñen la Lección Tres

Después de mi misión SUD en Hungría, conocí a mi esposa, Ángela. Ella se había convertido recientemente al mormonismo. Se bautizó en la Iglesia SUD apenas dos semanas antes de mi regreso de la misión, lo que consideramos providencial. Mantuvimos una relación a larga distancia durante seis meses (antes de los días de la larga distancia celular gratuita) y acumulamos enormes facturas de teléfono. Después de la Navidad de 1999, me trasladé a la zona de Cincinnati para estar más cerca de ella. Al año siguiente, nos casamos en el templo de Bountiful, Utah, en un hermoso día de primavera.

Pasamos los primeros diez años de nuestra vida matrimonial como Santos de los Últimos Días activos. Durante muchos de esos años, fuimos mormones felices. Ella tenía dos hijas pequeñas antes de conocernos. Yo las adopté, y todos fuimos sellados como una familia eterna en el mismo templo donde nos casamos. Agregamos tres hijos más a nuestra familia - un varón y dos niñas más.

Durante los primeros años de nuestro matrimonio, yo seguía siendo escrupuloso con mis pecados, y Ángela luchaba con las enseñanzas sobre el ciclo pecado/arrepentimiento. Se hizo evidente para ella cuán marcadamente diferente era esta enseñanza SUD de las enseñanzas de su educación Bautista del Sur. Un año y medio después de casarnos, tuve lo que los Santos de los Últimos Días llaman coloquialmente una «crisis de fe». Los mormones se animan unos a otros a poner las preguntas para las que no tienen respuesta en una estantería metafórica. De vez en cuando podemos bajarlas para examinarlas e intentar encontrar respuestas, pero no debemos tirar el bebé con la tina del baño. Debemos permanecer en el barco, no abandonar la Iglesia.[55] Una crisis de fe es cuando esa estantería metafórica se derrumba.

Al principio de nuestro matrimonio, Ángela me dijo que los misioneros SUD habían respondido a preguntas perennes que ella había tenido. Ella mencionó específicamente «una vez salvo, siempre salvo» como una doctrina que le había costado aceptar cuando era adolescente. Aunque ambos teníamos crecientes dudas acerca de la Iglesia SUD, tratamos de ser buenos Santos de los Últimos Días. Enseñamos juntos en la escuela dominical para niños, y cada uno de nosotros tuvo otros llamados en nuestra congregación SUD.

La comunicación sobre religión fue muy buena en aquellos primeros años. Con su formación cristiana, Ángela me enseñó mucho. Ella no siempre veía las cuestiones doctrinales a través

---

55   Russell M. Ballard, "Stay in the Boat and Hold On!" *Ensign*, Noviembre 2014, 89-92.

de lentes mormones, y tuvimos muchas conversaciones estimulantes. Después de mi crisis inicial de fe SUD, estaba decidido a reconstruir mi fe sobre la roca de Jesucristo. Al hacerlo, la escritura en la pared se hizo clara: si tenía a Jesús, no necesitaba a la Iglesia SUD. Sin embargo, eso no era algo que yo pudiera considerar. Intenté desesperadamente hacerme creer que José Smith era realmente el profeta de Dios. Pasé demasiadas horas centrado en él en lugar de enfocarme en Jesús.

Smith era un ídolo para mí en aquellos años. Eso me llevó a la culpa. Como esposo, se suponía que yo debía guiar a mi familia en asuntos de fe, pero estaba leyendo libros que contaban la verdadera historia de José Smith - y mi creencia en él como profeta había desaparecido. Comencé a ocultarle a Ángela y a nuestros hijos lo que realmente pensaba. Sería un pecado mayor si los alejaba de la verdad.

Nuestros diferentes orígenes se convirtieron en una cuña entre nosotros, cuando antes habían sido una fortaleza. Pude ver su anhelo de una seguridad bendita. Sentía una profunda necesidad del descanso que sólo podía encontrar en Jesús. Las preguntas sin respuesta se multiplicaban. ¿Qué sería de nosotros? Nos habíamos casado por la eternidad en el templo. Si uno o ambos dejábamos la Iglesia SUD, ¿qué significaría eso para nuestra relación?

La comunicación se rompió. La evasión sustituyó a la franqueza. La actitud defensiva, el miedo y la vergüenza dominaban.

En mayo de 2010, después de algunos años de tensión en nuestra relación, Ángela me preguntó si podíamos tener una conversación directa y privada lejos de nuestros hijos. Ambos habíamos estado sintiendo que no estábamos creciendo en Cristo, pero yo estaba paralizado por el miedo. Había sido protector de mi propio trasfondo SUD - aunque no creía todo lo que decía al defenderlo. Le había dicho a Ángela varias veces que siempre sería mormón, ¡que ellos eran mi gente!

Mientras nos dirigíamos en silencio a un parque y reserva natural cercanos a nuestra casa y nos adentrábamos en su interior, la belleza de Dios que nos rodeaba no nos servía de consuelo. Pensé que Ángela iba a pedir el divorcio. El matrimonio eterno es una parte tan vinculante de la vida mormona que, cuando las parejas lo abandonan, a menudo les sigue el divorcio. A pesar de mi miedo y de mis intentos de fingir confianza, lo que más temía iba a ocurrir de todos modos. Lo que ella terminó pidiendo resultó en que ambos derribáramos muros y volviéramos a una comunicación sana.

Los Santos de los Últimos Días y los cristianos a menudo tienen dificultades para mantener conversaciones significativas sobre el Evangelio. No nos entendemos porque, aunque usamos muchas de las mismas palabras, nuestras definiciones de esas palabras difieren. Esto es especialmente cierto de la palabra «evangelio». Los mormones creen que el verdadero evangelio de Jesucristo se perdió de la tierra durante casi dos milenios. En la Lección 1 de Predicad Mi Evangelio, los misioneros SUD se refieren a este tiempo de verdad y autoridad perdidas como «La Gran Apostasía».[56] Enseñan que el evangelio tuvo que ser restaurado a través del ministerio de José Smith. El contenido de este «evangelio restaurado» se resume de la siguiente manera: El evangelio de Jesucristo es el único camino a la vida eterna y a la exaltación. Los primeros principios y ordenanzas de Su evangelio son la fe en Jesucristo, el arrepentimiento, el bautismo por inmersión para la remisión de los pecados y el don del Espíritu Santo. Luego debemos perseverar hasta el fin.[57]

Fe, arrepentimiento, bautismo, Espíritu Santo, perseverar hasta el fin - todas estas son palabras bíblicas; pero, ¿quieren decir los Santos de los Últimos Días lo mismo que los cristianos cuando las usan? Es importante desentrañar lo que los misioneros SUD quieren decir cuando utilizan estos términos, y escuchar atentamente cómo los definen.

---

56 *Predicad mi Evangelio*, 35-36.
57 *Predicad mi Evangelio*, 35.

Fe: Hablemos de solo fe sola o fe + obras

Cuando Ángela y yo estábamos recién casados, yo tenía dos trabajos para mantener a nuestra familia y ahorrar dinero para los estudios. Una noche, mientras repartía pizza, estaba escuchando el programa de radio *The Bible Answer Man*, presentado por Hank Hanegraaff. Imagínatelo como si estuvieras viendo una escena de una película. Comienza con la cámara enfocando un pequeño Ford Escort blanco desde lo alto. El coche sube a una colina y gira hacia una calle bordeada de casas grandes y bonitas. A medida que el coche avanza calle abajo y se aleja de la cámara, ésta se acerca hasta que se puede ver claramente a través de la ventanilla trasera y, de repente, uno se encuentra dentro del coche. El zumbido crepitante de la radio AM se desvanece en la claridad.

Hank recibe una llamada de un oyente Santo de los Últimos Días que hace una pregunta para tratar de entender cómo los protestantes pueden creer que son salvos sólo por gracia, sólo a través de la fe, sólo en Cristo - sin ninguna obra. Hank responde que los cristianos no creen que las buenas obras sean necesarias para ser salvos, sino que son evidencia de que una persona es salva. El interlocutor le pide que explique por qué Santiago escribió: «*Así también la fe, si no tiene obras, es muerta en sí misma*» (Santiago 2:17 RV60), si las obras no son necesarias para la salvación. La discusión avanza hacia las doctrinas de la justificación y la santificación. El ángulo de la cámara es ahora tal que tú pareces ser el conductor, y golpeas tu mano contra el volante. Mientras escuchas a Hank, te sientes tan frustrado como el interlocutor al intentar comprender los matices de su explicación. Le gritas a la radio del coche: «¡Es pura semántica!».

¿Por qué te metí en ese coche conmigo? Lo hice porque quiero que te acerques aún más para que puedas entender por qué estaba tan frustrado y por qué le grité a la radio de mi auto. Quiero llevarte al corazón de los Santos de los Últimos

Días. En aquel entonces, hubiera rechazado la idea de que yo creía en un falso evangelio de justicia por obras. Sin embargo, es una acusación de la que los mormones no pueden escapar fácilmente. Los lleva a hacerse preguntas como las siguientes:

- Si la obra de la cruz está terminada, si Cristo hizo todo el trabajo y no hay nada por lo que nosotros tengamos que trabajar, entonces ¿por qué tenemos que «servir» nuestra salvación con temor y temblor?

- ¿Creen los evangélicos que llegarán al cielo sin hacer buenas obras?

- ¿Puede ser cierta la salvación sin obras? ¿Puede realmente no haber requisitos para la salvación?

¿Cuál es la condición del corazón que subyace a estas preguntas? A los Santos de los Últimos Días se les enseña que, en cierto sentido, sus propias obras les permitirán ser juzgados dignos por Dios. Puede que incluso rechacen la forma en que lo he expresado, pero si no han hecho las obras, no esperan la salvación. ¿De dónde sacan los mormones la idea de que sus obras les ayudan a poner un dedo en la balanza de la justicia para que el lado justo supere al lado injusto? Lo sacan de sus propias escrituras y de la manera en que la «fe» es definida para ellos.

En 1834, cuando la Iglesia SUD tenía menos de cinco años, José Smith y Sidney Rigdon comenzaron a instruir a los ancianos de la incipiente iglesia con una serie de lecciones que más tarde se llamaron *Discursos sobre la fe*. Al año siguiente, estos discursos comenzaron a publicarse junto con una colección de las revelaciones de José Smith. La obra resultante se llamó Doctrina y Convenios, que fue aceptada por los miembros de la iglesia como escritura durante la conferencia general de octubre de 1880.

Hasta 1921, los *Discursos sobre la fe* constituían la parte de «Doctrina» de Doctrina y Convenios. Aunque se eliminaron en ese momento, los Discursos sobre la fe conservan un lugar importante en la comprensión doctrinal SUD, especialmente en lo que se refiere a la ley de la fe.

El tercer Artículo de Fe de la Iglesia SUD declara: «Creemos que: por la expiación de Cristo, todo el género humano puede salvarse, mediante la obediencia a las leyes y ordenanzas del Evangelio».[58] La fe es la primera ley del «evangelio restaurado». Cuando me gradué del seminario SUD, una clase de religión tomada por estudiantes mormones de secundaria, mi presidente de estaca nos dio a cada uno de los graduados una copia de tapa dura de las Lecturas sobre la Fe con nuestros nombres grabados en la portada. Estudié mucho de ese libro mientras estaba en mi misión.

La fe es el tema de la primera conferencia, que se refiere a la ley de la fe:

En una palabra, ¿hay algo que habrías hecho, ya sea física o mentalmente, si no hubieras creído previamente? ¿No dependen de tu fe todos tus esfuerzos de todo tipo? ¿O acaso no podemos preguntaros qué tenéis o qué poseéis que no hayáis obtenido gracias a vuestra fe? Reflexionad y preguntaos si no es así. Volved vuestros pensamientos sobre vuestras propias mentes y ved si la fe no es la causa motriz de toda acción en vosotros mismos; y si es la causa motriz en vosotros, ¿no lo es en todos los demás seres inteligentes?[59]

La ley de la fe tiene eco en *PME*. Los misioneros SUD enseñan:

La fe en Cristo nos lleva a la acción y al arrepentimiento sincero y duradero. Tener fe hace que *nos*

---

58   Los Artículos de Fe 3 (Perla de Gran Precio).
59   *Discursos sobre la fe*. (Salt Lake City: Deseret Book, 1985), 2-3. Para más sobre la historia de *Discursos sobre la fe*, véase https://www.churchofjesuschrist.org/study/history/topics/lectures-on-faith?lang=spa.

esforcemos al máximo para aprender en cuanto a
nuestro Salvador y llegar a ser más como Él con
«fe inquebrantable en él, confiando plenamente en
los méritos de aquel que es poderoso para salvar»
(2 Nefi 31:19). Deseamos saber cuáles son Sus mandamientos y obedecerlos y, aunque todavía come-
teremos errores, demostramos nuestro amor por
Él al esforzarnos por guardar Sus mandamientos y
evitar el pecado. Creemos en Cristo y creemos que
Él desea que *guardemos todos Sus mandamientos.*
Deseamos obedecerle a fin de demostrar nuestra
fe.[60] [cursiva añadida].

¿Qué hay de malo en ello? ¿No enseñó Jesús que no se puede
servir a dos señores (Lucas 16:13), y no dijo el apóstol Pablo que
era siervo de Cristo y, por tanto, deudor de Cristo (Romanos 1:1)?
Los cristianos sí creemos que Jesús es el Señor y que debemos
obedecerle, así que ¿cuál es la diferencia? ¿Cuál es el problema del
corazón que me llevó a gritar de frustración a la radio de mi coche?
La respuesta está en cómo los mormones leen Filipenses 2:12:
Por tanto, amados míos, como siempre habéis obedecido, no como
en mi presencia solamente, sino mucho más ahora en mi ausencia,
ocupaos en vuestra salvación con temor y temblor. ¿Se supone
que los cristianos deben vivir con *temor y temblor* porque quizá
no sean lo bastante buenos para vivir en presencia de Dios, o el
temor y el temblor a los que se refiere Pablo proceden del hecho
de que es el mismo Dios del cielo y de la tierra quien *en voso-*
tros produce así el querer como el hacer, por su buena voluntad?
(Filipenses 2:13)?[61] En el sistema SUD, uno debe tener fe, que
no es mera creencia o incluso confianza. Para los Santos de los
Últimos Días, la fe es estrictamente un verbo. Incluye completar
obras extra-bíblicas que son requisitos para recibir bendiciones.

---

60 *Predicad mi Evangelio,* 62-63
61 Es fundamental no sacar de contexto Filipenses 2:12 y separarlo del versículo 13.

Arrepentimiento: Hablemos de escaleras y escalinatas

En los círculos cristianos, cuando alguien da su testimonio de haber nacido de nuevo, la persona a veces dice que estaba atrapada en un ciclo de pecado y que trataría de quitar ese pecado de su vida - a menudo negociando con Dios en oración porque el pecado lo había metido en problemas: «Señor, si me sacas de este terrible aprieto, haré algo por Ti». A menudo, las promesas se olvidan y el pecado continúa. También oímos a menudo a estas personas proclamar que, cuando nacieron de nuevo, sus corazones cambiaron de verdad y se dieron cuenta de la inutilidad de regatear con Dios.

Las escrituras SUD enseñan que «hay una ley, irrevocablemente decretada en el cielo antes de los cimientos de este mundo, sobre la cual todas las bendiciones son predicadas - y cuando obtenemos cualquier bendición de Dios, es por obediencia a esa ley, sobre la cual es predicada».[62] En años recientes, el mensaje de algunos líderes SUD, y especialmente de académicos SUD en universidades propiedad de la iglesia, ha enfatizado más la gracia. Como resultado, los mormones podrían sostener que la vida eterna es un don que nadie puede ganar. Un pasaje de las escrituras SUD que memoricé cuando era adolescente incluso declara explícitamente que la vida eterna es un regalo; sin embargo, ese mismo pasaje indica que el regalo está condicionado y predicado en una declaración si/entonces: «Y si guardas mis mandamientos y perseveras hasta el fin, tendrás la vida eterna, que es el mayor de todos los dones de Dios».[63] ¡Esa afirmación si/entonces es la causa del problema cardíaco de los mormones!

Tengo una hermana que todavía es Santa de los Últimos Días. En 2020, me envió un enlace a un episodio de *Come Follow Me Insights*, un podcast y canal de YouTube de la Central del Libro de Mormón. Ella incluyó la siguiente nota con el enlace:

---

62   Doctrina y Convenios 130:20-21.
63   Doctrina y Convenios 14:7.

¿Recuerdas cuando hablábamos de la fe versus las obras y la gracia? Recuerdo que sentías que en la Iglesia SUD, no creemos verdaderamente en ser salvos por gracia. Yo estaba confundida porque si escuchas este podcast, esto es lo que recuerdo que me enseñaron en el seminario. Podríamos estar de acuerdo en estar en desacuerdo sobre lo que la Iglesia SUD realmente enseña.

En nuestro podcast, *Outer Brightness*, Matthew Eklund, Michael Flournoy y yo respondimos al episodio *Come Follow Me Insights*.[64] En el episodio al que mi hermana me proporcionó el enlace, los profesores de la Universidad Brigham Young Taylor Halverson y Tyler Griffin discuten 3 Nefi 12-16 del Libro de Mormón. En esos capítulos, se dice que Jesús resucitado visitó a un grupo de personas en las Américas que el Libro de Mormón identifica como Nefitas, y supuestamente les entrega una versión modificada del Sermón de la Montaña. El profesor Griffin sugiere que las Bienaventuranzas representan una escalera que conduce a los fieles paso a paso hacia la perfección. Hablando de toda la escalera que está dibujada en la pizarra detrás de él, hace esta declaración: «Esto no es un hecho aislado. En realidad, es un proceso muy largo y repetitivo. Lo haces una y otra vez».[65] Mientras hace esta afirmación, el vídeo muestra una interminable escalera de caracol vista desde arriba y que sube aún más, dando la apariencia de una subida continua y cíclica.

Los cristianos luchan con la naturaleza pecaminosa durante toda su vida, y sienten remordimiento cuando pecan. Entonces,

---

64 Matthew Eklund, Michael Flournoy, y Paul Nurnberg, "Becoming Perfect: A Response to Book of Mormon Central's Come Follow Me Insights," enero 3, 2021, en *Outer Brightness*, podcast audio, https://www.outerbrightnesspodcast.com/e/becoming-perfect-a-response-to-book-of-mormon-centrals-come-follow-me-insights/.

65 Tyler Griffin ay Taylor Halverson, "Come Follow Me (Insights into 3 Nephi 12-16, septiembre 21–27)," *Book of Mormon Central*, septiembre 14, 2020, video, https://www.youtube.com/watch?app=desktop&t=2087&v=gBoaEQh_dTA&-feature=youtu.be.

¿cuál es la diferencia? ¿Por qué me sentía desesperanzado como Santo de los Últimos Días? A los mormones se les enseña que deben arrepentirse diariamente y abandonar sus pecados o sus pecados anteriores serán tenidos en su contra. Las escrituras SUD explícitamente enseñan esto:

> y la ira de Dios se enciende contra los habitantes de la tierra; y nadie hace lo bueno, porque todos se han extraviado. Y ahora, yo, el Señor, en verdad os digo que no os imputaré ningún pecado; id y no pequéis más; pero los pecados anteriores volverán al alma que peque, dice el Señor vuestro Dios.[66]

La meta de cada creyente en el «evangelio restaurado» es llegar a ser como Dios - llegar a ser dioses ellos mismos, como José Smith enseñó.[67] Cuando la gente lee la Biblia con los ojos de un niño, se les remuerde la conciencia y reconocen que Dios es, y siempre será, más grande de lo que jamás podríamos esperar ser; Dios es perfecto. Incluso José Smith comprendió la dificultad de la tarea que ponía ante sus seguidores. En el mismo sermón en el que les dijo que tenían que aprender a convertirse en dioses, les dijo:

> «Cuando suben una escalera, tienen que empezar desde abajo y ascender peldaño por peldaño hasta que llegan a la cima; y así es con los principios del Evangelio, deben empezar por el primero, y seguir adelante hasta aprender todos los principios de la exaltación. Pero *no los aprenderán sino hasta mucho*

---

66   Doctrina y Convenios 82:6-7
67   Joseph Fielding Smith, ed., Enseñanzas del Profeta José Smith (Salt Lake City: Deseret Book, 1969), 233, 2334. "«ustedes mismos tienen que aprender a ser dioses, y a ser reyes y sacerdotes de Dios... al avanzar de un pequeño grado a otro, y de una capacidad pequeña a una mayor; de gracia en gracia, de exaltación en exaltación, hasta que logren la resurrección de los muertos y puedan morar en fulgor eterno y sentarse en gloria, como aquellos que se sientan sobre tronos de poder sempiterno.»

después que hayan pasado por el velo. No todo se
va a entender en este mundo; *la obra de aprender
acerca de nuestra salvación y exaltación será grande
aun más allá de la tumba».*[68] [cursive añadida]

Los Santos de los Últimos Días que comprenden la imposibili-
dad de la meta que se les ha fijado saben que no pueden tener la
bendita certeza, ni en esta vida ni en la venidera. Es un proceso
largo y repetitivo, una subida interminable por una escalera o
escalones. Los mormones a menudo caricaturizan la visión cristiana del cielo. Sugieren que los cristianos creen que simplemente
flotarán en las nubes y tocarán el arpa por toda la eternidad, o
que ven a Dios como narcisista por hacer todas las cosas para su
propia gloria, incluso aceptar alabanzas por toda la eternidad.

Por favor, considera el estado del corazón de una persona
que dice cosas así. ¿Qué deben creer acerca de Dios? ¿Qué debe
sentir acerca de Dios? ¿Qué deben pensar acerca de sus propias
obras y méritos? Estoy tratando de llevarlos al corazón de los
Santos de los Últimos Días para que los amen y los alcancen
con el verdadero evangelio.

Bautismo: Hablemos de las promesas

A los Santos de los Últimos Días se les enseña que el bautismo es
la puerta por la que deben entrar. El Libro de Mormón declara:

Porque la puerta por la cual debéis entrar es el arrepentimiento y el bautismo en el agua; y entonces viene una remisión
de vuestros pecados por fuego y por el Espíritu Santo.

Y entonces os halláis en este estrecho y angosto
camino que conduce a la vida eterna; sí, habéis
entrado por la puerta; habéis obrado de acuerdo con

---

68   Joseph Fielding Smith, ed., *Enseñanzas*, 282, 283.

los mandamientos del Padre y del Hijo; y habéis recibido el Espíritu Santo, que da testimonio del Padre y
del Hijo, para que se cumpla la promesa hecha por él,
que lo recibiríais si entrabais en la senda.[69]

¿Estás viendo el patrón? Entretejida a través de las escrituras y
enseñanzas SUD está la imagen de un camino muy largo, escalera, o escalinata que uno debe subir para alcanzar la meta de
la salvación final y glorificación, que ellos llaman exaltación.
Hasta ahora, hemos cubierto las primeras *leyes* del «evangelio restaurado» que los mormones deben obedecer: la fe y el
arrepentimiento. Aunque a los mormones se les enseña que la
fe es una palabra de acción y que el arrepentimiento también
requiere que actúen, estos son en gran parte aspectos internos de
la vida de una persona. Las primeras *ordenanzas* del «evangelio
restaurado» -el bautismo y la confirmación- son actos externos.

Cuando reciben una ordenanza como el bautismo, a los
Santos de los Últimos Días se les enseña que entran en un pacto
con Dios. Los *pactos* se definen como promesas bidireccionales.
La persona que recibe el bautismo promete hacer ciertas cosas,
y a cambio de que la persona mantenga fielmente ese pacto,
Dios promete proporcionar ciertas bendiciones. El «evangelio
restaurado» es uno de reciprocidad: haz *esto* y recibirás *aquello*.

Cuando me bauticé en 1986, a la edad de ocho años, me
enseñaron que mis transgresiones pasadas habían sido lavadas.
Ahora era mi deber arrepentirme de todos mis pecados futuros
para seguir siendo «digno», y también era mi deber renovar mi
pacto bautismal cada semana participando en el sacramento
de la Cena del Señor.

¿Cuáles son las promesas que los Santos de los Últimos
Días hacen en el bautismo y renuevan cada domingo? El contenido del convenio bautismal para los Santos de los Últimos

---

69   2 Nefi 31:17b-18 (Libro de Mormón).

Días se encuentra en dos pasajes del Libro de Mormón. En el bautismo, prometen tomar el nombre de Cristo sobre ellos y ser obedientes por el resto de sus vidas. El primer pasaje que define el convenio bautismal para ellos dice:

> Y bajo este título sois librados, y no hay otro título por medio del cual podáis ser librados. No hay otro nombre dado por el cual venga la salvación; por tanto, quisiera que tomaseis sobre vosotros el nombre de Cristo, todos vosotros que habéis hecho convenio con Dios de ser obedientes hasta el fin de vuestras vidas. Y sucederá que quien hiciere esto, se hallará a la diestra de Dios, porque sabrá el nombre por el cual es llamado; pues será llamado por el nombre de Cristo. Y acontecerá que quien no tome sobre sí el nombre de Cristo, tendrá que ser llamado por algún otro nombre; por tanto, se hallará a la izquierda de Dios.[70]

El siguiente pasaje del Libro de Mormón que delinea las promesas del convenio bautismal declara:

> Y aconteció que les dijo: He aquí las aguas de Mormón (porque así se llamaban); y ya que deseáis entrar en el redil de Dios y ser llamados su pueblo, y estáis dispuestos a llevar las cargas los unos de los otros para que sean ligeras; sí, y estáis dispuestos a llorar con los que lloran; sí, y a consolar a los que necesitan de consuelo, y ser testigos de Dios en todo tiempo, y en todas las cosas y en todo lugar en que estuvieseis, aun hasta la muerte, para que seáis redimidos por Dios, y seáis contados con los de la

---

70 Mosíah 5:8-10 (Libro de Mormón).

primera resurrección, para que tengáis vida eterna;
os digo ahora, si este es el deseo de vuestros corazones, ¿qué os impide ser bautizados en el nombre
del Señor, como testimonio ante él de que habéis
concertado un convenio con él de que lo serviréis y
guardaréis sus mandamientos, para que él derrame
su Espíritu más abundantemente sobre vosotros?[71]

¿Acaso no son objetivos loables los pactos bautismales que los
Santos de los Últimos Días asumen? ¿Quién no desea que los
amigos y la familia se reúnan a su alrededor en tiempos difíciles
y les proporcionen ayuda, paz y consuelo? ¿No es eso lo que Jesús
quiso decir cuando ordenó a Sus seguidores que se amaran los
unos a los otros como Él los había amado (Juan 13:34), o que
amaran al prójimo como a sí mismos (Marcos 12:31)?

Si estás leyendo este libro, probablemente tengas amigos y
conocidos mormones. Es probable que sepas que son personas
bondadosas y generosas, pero ¿qué los motiva a la bondad y
la generosidad? ¿Es principalmente para dar gloria a Dios por
la abundancia de su gracia incomparable, o es principalmente
para merecer la gloria (lograr la exaltación) para sí mismos?
Puede que en sus mentes haya una mezcla de ambas cosas, pero
están cumpliendo una promesa que han hecho, una promesa
de la que depende su propia salvación y exaltación.

La enseñanza SUD acerca de los pactos es cubierta más
completamente en un capítulo posterior, pero es importante
introducir el concepto al discutir el bautismo. Los misioneros
SUD enseñan:

> Los convenios nos colocan bajo una fuerte obliga-
> ción de honrar nuestros compromisos con Dios.
> Debemos tener el deseo de recibir en forma digna

---

71 Mosíah 18:8-10 (Libro de Mormón).

los convenios que Dios nos ofrece y luego esforzarnos por guardarlos. Nuestros convenios nos
recuerdan que debemos arrepentirnos cada día
de nuestra vida. Al obedecer los mandamientos y
servir a otras personas, recibimos y retenemos una
remisión de nuestros pecados.[72]

¿Captaste la doble atadura? Deben ser dignos y ser juzgados dignos
por su obispo y otros líderes para recibir las ordenanzas. Una vez
que reciben las ordenanzas, deben permanecer dignos guardando
sus pactos. ¿Qué pasa si reciben una ordenanza indignamente? ¿Es
válida? ¿Pueden hacerla válida por obediencia futura? ¿Pueden
ser dignos en el futuro guardando los convenios si no eran dignos
de recibir una de las ordenanzas en primer lugar?

Considera la enseñanza de que los convenios los colocan
«bajo una fuerte obligación» de guardar su parte del convenio a
la luz de Doctrina y Convenios 82:7, que cité anteriormente. A
menudo se les pide a los Santos de los Últimos Días que sirvan a
otros miembros de sus congregaciones de diversas maneras. Tal
vez a una madre mormona se le pide que lleve una comida a la
casa de una familia que acaba de experimentar la muerte de un
ser querido, o donde un miembro de la familia está enfermo. Tal
vez a un padre mormón se le pide que pase un sábado lejos de su
familia ayudando a otra familia a cargar o descargar un camión
de mudanzas. Supongamos que la madre mormona a la que se
le pidió que proporcionara la comida se enfrenta al reto de ali-
mentar a su propia familia con su presupuesto, por no hablar de
otra familia. Supongamos que el padre mormón es entrenador del
equipo de fútbol de su hija y debe elegir entre entrenar al equipo
de su hija un sábado por la mañana o ayudar a alguien a mudarse.

¿Cuántos de nosotros amamos al prójimo, por no hablar de
nuestros enemigos, a la perfección? La motivación de nuestras
acciones es importante. ¿Qué sucede en el corazón y la mente de

---

72   *Predicad mi Evangelio*, 63.

una persona cuando se esfuerza todo lo que puede por cumplir sus pactos y ve a otros que, desde su perspectiva, no parecen esforzarse tanto? Puede llevar al legalismo y al juicio. Muchos ex mormones te dirán que eso fue parte de su experiencia. De nuevo, estoy tratando de llevarte al corazón del Santo de los Últimos Días. Debajo de sus esfuerzos por mantener su pacto bautismal yace una profunda desesperación y anhelo de paz y descanso con Dios - de bendita seguridad.

Si un Santo de los Últimos Días no guarda su convenio bautismal, eso se considera un pecado de omisión - algo que debería haber hecho, pero no hizo. Por ese pecado de omisión, deben arrepentirse y no sólo tratar de ser mejores, sino que deben tratar de ser perfectos, o tendrán otros pecados de comisión por los que tendrán que arrepentirse. Si continúan pecando, las escrituras les enseñan que la culpa de sus pecados anteriores volverá a ellos.

El reto al que se enfrentan los Santos de los Últimos Días de hacer siempre lo correcto se les enseña pronto, cuando reciben su primer anillo «HLJ». Ese acrónimo significa «Haz lo justo». Se refuerza en dos himnos sobre este tema que se cantan a menudo en los servicios SUD.[73]

El bautismo elimina la culpa de las transgresiones pasadas. Coloca a los Santos de los Últimos Días en el camino del discipulado - el camino del convenio. Mientras estén en ese camino, deben tratar de mantener su promesa de amar y cuidar a los demás para recibir el perdón de los pecados futuros y la compañía constante del Espíritu Santo.

Bautismo de Fuego: Hablemos del compañerismo

A los Santos de los Últimos Días no se les enseña que se les deja solos para tratar de obedecer todos los mandamientos y

---

73   "Haz el bien" y "Haz lo justo," *Hymns of the Church of Jesus Christ of Latter-day Saints* (Salt Lake City: Deseret Book Company, 1985), 237-238.

todos sus convenios en su propio poder. La segunda ordenanza externa que reciben es el don del Espíritu Santo. El quinto Artículo de Fe SUD declara, «Creemos que el hombre debe ser llamado por Dios, por profecía y la imposición de manos, por aquellos que tienen la autoridad, a fin de que pueda predicar el evangelio y administrar sus ordenanzas».[74] En *PME*, «Lección 1: La Restauración», los misioneros SUD enseñan que Dios sólo considera válidas las ordenanzas realizadas por las autoridades de la Iglesia SUD.[75]

¿Cómo beneficia esta ordenanza a una persona según las enseñanzas SUD? Escucha lo que enseñan los misioneros:

> El Espíritu Santo tiene un efecto santificador y purificador sobre nosotros. A través del don y el poder del Espíritu Santo, podemos recibir y retener una remisión de pecados a través de la fe continua en Cristo, el arrepentimiento, y siguiendo la voluntad de Dios y la obediencia a Sus mandamientos. Aquellos que reciben el don del Espíritu Santo y permanecen dignos pueden disfrutar de Su compañía durante toda su vida.[76]

La compañía del Espíritu Santo es lo que nos da poder para vencer el pecado y santificarnos. Observa, sin embargo, los dos casos de la palabra «poder» en el párrafo anterior. Se les enseña que, aunque tienen el derecho a la compañía del Espíritu Santo, no es una garantía; es condicional a la obediencia de la persona a las enseñanzas SUD. Las escrituras SUD enseñan: «Yo, el Señor, estoy obligado cuando hacéis lo que os digo; mas cuando no hacéis lo que os digo, ninguna promesa tenéis».[77]

---

74 Artículos de la Fe 5 (Perla de Gran Precio).
75 *Predicad mi Evangelio*, 36.
76 *Predicad mi Evangelio*, 65.
77 Doctrina y Convenios 82:10. Contrasta esta enseñanza con Romanos 4:1-5.

Este tipo de enseñanza condicional llevó a Laura, una querida hermana cristiana y amiga mía, a declarar que cualquier promesa que la teología SUD extiende a los mormones con una mano, se la quita con la otra. Laura da testimonio a los mormones con nosotros en grupos de discusión en línea, y ha pasado incontables horas leyendo libros populares SUD para asegurarse de que entiende lo que se les enseña - y su corazón se rompe por ellos. En un discurso de la Conferencia General de 1996, el apóstol Dallin H. Oaks expuso claramente la naturaleza condicional de esta ordenanza. Él dijo:

> Las bendiciones disponibles a través del don del Espíritu Santo están condicionadas a la dignidad. «El Espíritu del Señor no habita en templos profanos». Aunque tenemos derecho a su compañía constante, el Espíritu del Señor morará con nosotros sólo cuando guardemos los mandamientos. Se retirará cuando lo ofendamos con blasfemias, impurezas, desobediencia, rebelión u otros pecados graves.[78]

Este concepto de valía dentro de las enseñanzas SUD es lo que lleva a muchos a sentir temor, desesperación y desesperanza cuando piensan en el objetivo final del sistema SUD, que es ser encontrado digno de vivir en la presencia de Dios y convertirse en dioses.[79] Algunos dirán -más recientemente- que no sienten tal nihilismo con respecto al estado futuro de sus almas. Señalan que en 2 Nefi 31:19 se afirma que deben confiar «enteramente en los méritos de aquel que es poderoso para salvar», por lo que afirman que su fe en Jesús garantizará su exaltación. Otros criticarán a los cristianos por creer que alguien puede saber con

---

78   Dallin H. Oaks, "Always Have His Spirit," *Ensign*, noviembre 1996, 61.
79   "Llegar a ser como Dios," Ensayos sobre temas del Evangelio, La Iglesia de Jesucristo de los Santos de los Últimos Días, consultado en noviembre 17, 2022, https://www.churchofjesuschrist.org/study/manual/gospel-topics-essays/becoming-like-god?lang=spa

certeza que es uno de los elegidos y que está salvado. ¿Cuál es la razón de estas dos posiciones aparentemente opuestas de seguridad y falta de ella en los corazones y mentes de los Santos de los Últimos Días? La respuesta a esa pregunta se encuentra en la sección final y más larga de la escalera o camino del pacto.

Perdurar hasta el fin: Hablemos de la seguridad

En *PME*, «Lección 2: El Plan de Salvación», los misioneros SUD enseñan que el cielo tiene tres grados de gloria - los reinos: celestial, terrestre y telestial - en los cuales cada persona que ha vivido, o vivirá, en la tierra será salvada - en algún grado.[80] En ese sentido, los Santos de los Últimos Días son Universalistas. Sin embargo, la segregación de las almas en estos tres grados de gloria se hace con base en las obras de las personas en esta vida mortal.[81] Los misioneros SUD también enseñan sobre quién puede entrar en el reino más alto:

> El reino celestial tiene tres cielos o grados (véase Doctrina y Convenios 131:1), y sólo aquellos
> que tienen un matrimonio eterno, sellado por el Espíritu Santo, pueden entrar en el más alto, que es la exaltación (véase Doctrina y Convenios 131:2). Ellos vivirán en la presencia de Dios, llegarán a ser como Él, y recibirán una plenitud de gozo.[82]

Esto introduce más convenios que los Santos de los Últimos Días hacen dentro de sus templos. Las *leyes* y *ordenanzas* del evangelio que hemos discutido hasta este punto son todas preparatorias y se realizan fuera de los templos SUD. Una vez que una persona ha recibido las ordenanzas del bautismo, la

---

80 *Predicad mi Evangelio*, 53.
81 Doctrina y Convenios 76:71-113.
82 *Predicad mi Evangelio*, 53.

confirmación y el otorgamiento del don del Espíritu Santo, y es digno a través de la asistencia a la iglesia y el mantenimiento de su convenio bautismal, puede recibir la aprobación de su obispo y presidente de estaca para ir a un templo SUD a recibir más ordenanzas y entrar en convenios adicionales.

Estas ordenanzas adicionales consisten en un ritual de lavado y unción, la ceremonia de investidura, y para las parejas, tener su matrimonio sellado por el tiempo y la eternidad. Muchos mormones creen que una vez que han sido sellados a su cónyuge, han recibido todas las ordenanzas necesarias para ser exaltados en el grado más alto del reino celestial y vivir en la presencia de Dios por toda la eternidad. Pero observa lo que se dice sobre la exaltación en el párrafo citado de la lección misionera anterior. Un matrimonio eterno debe ser sellado por el Espíritu Santo. Ese lenguaje prefigura una ordenanza adicional - la segunda unción - acerca de la cual muchos mormones, especialmente hasta hace muy poco, han sido ignorantes.

¿Por qué no saben acerca de esta segunda unción? La razón es que el liderazgo de la Iglesia SUD busca mantenerla en secreto, solo refiriéndose oscuramente a ella como algo que sucede pasivamente. Así es como *PME* define el «Espíritu Santo de la Promesa», que es un sinónimo del ritual de la segunda unción:

> También se hace referencia al Espíritu Santo como el Espíritu Santo de la Promesa (véase Doctrina y Convenios 88:3). Ser sellado por el Espíritu Santo de la Promesa significa que el Espíritu Santo confirma que los actos justos, las ordenanzas y los convenios son aceptables para Dios. El Espíritu Santo de la Promesa testifica al Padre que las ordenanzas salvadoras se han efectuado correctamente y que los convenios asociados con ellas se han guardado. Los que son sellados por el Santo Espíritu de la Promesa reciben todo lo que

el Padre tiene (véase Doctrina y Convenios 76:51-60; Efesios 1:13-14). *Todos los convenios y actuaciones deben ser sellados por el Espíritu Santo de la Promesa para que sean válidos después de esta vida* (véase Doctrina y Convenios 132:7, 18-19, 26). El quebrantamiento de los convenios puede eliminar el sellamiento (cursiva añadida).[83]

Nota que el párrafo anterior enseña claramente que a menos que los pactos y las ejecuciones sean sellados por el Espíritu Santo de la Promesa, no serán válidos en la otra vida. ¿Cómo es que uno tiene sus ordenanzas y pactos sellados de esa manera? ¿Es una experiencia pasiva en la cual el Espíritu Santo confirma a una persona que ha sido lo suficientemente fiel para que su llamado y elección sean asegurados? No. Es una ordenanza solo por invitación realizada en un templo - la segunda unción - y aquellos que la han recibido son instruidos a nunca hablar de ello a otros.

Una búsqueda de la frase exacta «segunda unción» en el sitio web de la Iglesia SUD sólo arroja un resultado. El manual de enseñanza titulado *Doctrinas del Evangelio*, que se utiliza para instruir a los estudiantes de edad universitaria que toman cursos de Institutos SUD de Religión, contiene la siguiente instrucción para el profesor, lo que confirma que la ordenanza de coronación en el sistema SUD está destinada a mantenerse en secreto (énfasis en el original):

> Precaución: Tenga cuidado al discutir la doctrina de tener nuestro llamamiento y elección seguros. Evite la especulación. Use solamente las fuentes dadas aquí y en el manual del estudiante. *No intente de ninguna manera discutir o contestar preguntas acerca de la segunda unción.*[84]

---

83   *Predicad mi Evangelio,* 97.
84   "Chapter 19: Eternal Life," *Doctrines of the Gospel: Teacher Manual,* (Salt Lake

Mientras crecía, mis padres celebraban la noche de hogar familiar, un programa de la Iglesia SUD en el que los padres reservan una noche a la semana para estudiar y enseñar el «evangelio restaurado» a sus hijos. Mis padres nos enseñaron el sistema SUD de cómo ser salvos y eventualmente exaltados. Recuerdo una vez cuando mi mamá nos habló sobre el matrimonio eterno. Ella dijo que, porque ella y mi papá habían sido sellados en el Templo de Salt Lake, ellos habían hecho todo lo que se requería para alcanzar la exaltación. Mi papá le recordó que su matrimonio todavía no había sido «sellado por el Espíritu Santo de la Promesa» y que tendrían que resistir hasta el final para tener la esperanza de vivir finalmente en la presencia de Dios.

La Escritura también aborda nuestra necesidad de resistir hasta el fin, pero no tiene nada que ver con los matrimonios y con permanecer casados por la eternidad. *Porque somos hechos participantes de Cristo, con tal que retengamos firme hasta el fin nuestra confianza del principio* (Hebreos 3:14).

Dado que las referencias al ritual de la segunda unción en las escrituras y enseñanzas SUD son esotéricas, muchos Santos de los Últimos Días se quedan con hambre. Están esperando una experiencia pasiva del Espíritu Santo de la Promesa para confirmar la validez de sus ordenanzas y la fidelidad en el cumplimiento de sus pactos, sin saber que, en todo su esfuerzo, sólo serán recompensados con la seguridad si se les invita a recibir la segunda unción.

O creen falsamente que pueden tener confianza y seguridad porque han hecho todo lo que se les ha enseñado que es necesario y están aguantando, o se quedan con la sensación de que nunca hacen lo suficiente, y critican a cualquiera que piense que puede tener la bendita seguridad.

City: The Church of Jesus Christ of Latter-day Saints, 2000), 67, https://www.churchofjesuschrist.org/study/manual/doctrines-of-the-gospel/chapter-19?lang=eng.

¿Cómo deben responder los cristianos a la lección sobre el «Evangelio restaurado»?

En agosto de 2011, me bauticé en nuestra iglesia cristiana a la edad de treinta y tres años. Más tarde ese año, asistí al Seminario Bíblico de Cincinnati, estudiando para una Maestría en Divinidad en Estudios Bíblicos. Cuando Dios me atrajo a Su Hijo para la salvación, y cuando el Espíritu Santo iluminó la Palabra de Dios para ayudarme a entender que mis obras no me salvan y que soy salvado gratuitamente por la muerte y resurrección de Cristo, una pregunta se sentó pesadamente en mi corazón: ¿Qué diría si estuviera cara a cara con mi joven yo misionero SUD?

No especulaba con la posibilidad de utilizar los viajes en el tiempo para frustrar la providencia de Dios y cambiar el curso de mi vida. Me preguntaba qué les diría a los misioneros SUD que llamaran a mi puerta. Decidí que les predicaría el verdadero evangelio de la gracia porque conocer a Jesús como mi Salvador personal cambió mi vida. Esa determinación y el marcado contraste entre las buenas nuevas bíblicas y el «evangelio restaurado» se me presentaron una noche en la biblioteca de la Universidad Cristiana de Cincinnati. Estaba leyendo el libro de Chuck Swindoll *El Despertar de la Gracia* en el cual Swindoll citó el libro de D. Martyn Lloyd-Jones sobre Romanos 6:

> La verdadera predicación del evangelio de la salvación por gracia y solamente por gracia siempre conduce a la posibilidad de que se le impute este cargo [*¿Continuaremos en el pecado para que la gracia abunde?* - Romanos 6:1]. No hay mejor prueba para saber si un hombre está realmente predicando el evangelio de salvación del Nuevo testamento que esta: que algunas personas malinterpreten el sentido de la gracia y digan que: al ser salvadas por gracia, ya no importa qué hagan; que pueden seguir pecando todo lo que

quieran, porque de esa manera redundará en mayor gloria para la gracia. Esta es una auténtica prueba de la predicación del evangelio. Si mi predicación y presentación del evangelio de salvación no corren el riego de esa mala interpretación, entonces no es el evangelio.[85]

Hay muchos enfoques que uno puede tomar para testificar a los mormones. De hecho, hay muchos aspectos de la doctrina y la historia de los Santos de los Últimos Días en los que uno puede centrarse para tratar de quitarles las escamas de los ojos y las cadenas de sus mentes. Al compartir mi historia y mis creencias pasadas, he tratado de llevarte al corazón de los Santos de los Últimos Días. Lo que ellos necesitan más que cualquier otra cosa es lo mismo que toda la gente necesita – el verdadero evangelio de Jesucristo y de Él crucificado.

Qué hacer y qué no hacer

La siguiente sección contiene contrastes de lo que se debe y no se debe hacer, son especialmente importantes para los cristianos cuando se preparan para reunirse con los misioneros SUD con respecto a la *PME*, «Lección 3: El Evangelio de Jesucristo».

Hacer	No Hacer
Acércate a los misioneros SUD con amor y amabilidad.	Permitir que un espíritu de contención y superioridad empañe tu testimonio.
Toma tiempo para conocerlos individualmente y recuerda las cosas que te cuenten sobre ellos y sus familias.	Pensar que los misioneros SUD y todos los mormones son inamovibles en sus creencias, pensamientos o necesidades.

---

85   Charles R. Swindoll, *El Despertar de la Gracia* (Grupo Nelson, 2016), 39.

Hacer	No Hacer
Ora sinceramente por ellos y pide también que Dios obre en ti y a través de ti mientras te preparas para reunirte con ellos.	No ores por ellos con el espíritu de los «zoramitas», especialmente si estás orando con ellos presentes.[86]
Sé un bereano.[87] Estudia para mostrarte ante Dios aprobado.[88] Conoce el contexto y el significado apropiado de los pasajes bíblicos que los misioneros SUD pueden usar al enseñar esta lección, de modo que cuando los usen para tratar de sugerir que apoyan sus creencias, tú puedas desafiar amorosamente su comprensión de los pasajes bíblicos:	«Darles bibliazos» en la ira, lanzando pasajes de ida y vuelta para tratar de demostrar que están equivocados. Es probable que no participen en ese tipo de ejercicio, y lo verán como contención, que sus escrituras les enseñan que es del diablo.[89]

• Juan 3:16-17	• Juan 3:5
• Hebreos 11	• Romanos 6:4
• Santiago 2:17-26	• 1 Cor. 11:23-29
• Romanos 3:23	• Hebreos 5:4
• 1 Juan 1:7-8	• Juan 3:1-8
• 2 Cor. 7:9-10	• Gálatas 5:22-23
• Mateo 3:13-17	• Juan 14:26
• Hechos 2:37-39	• Hechos 19:1-6
• Lucas 22:15-20	• Mateo 10:22

---

86   Véase Alma 31:15-18 (Libro de Mormón).
87   Hechos 17:10-15.
88   2 Timoteo 2:15.
89   3 Nefi 11:29 (Libro de Mormón). Compárese con 2 Timoteo 2:14 para el mandato bíblico.

Hacer	No Hacer
Conocer el contenido del verdadero evangelio bíblico de Jesucristo, que es la predicación de los apóstoles de Cristo y el mensaje de la iglesia primitiva: • Todos somos pecadores y estamos destituidos de la gloria de Dios (Romanos 3:23). • La pena por el pecado es la muerte, pero Dios ofrece el don gratuito de la vida eterna a través de Jesucristo (Romanos 6:23). • Cristo pagó la pena por nuestros pecados con su muerte en la cruz (1 Corintios 15:3). • Fue depositado en un sepulcro y resucitó al tercer día (1 Corintios 15:4). • Cristo murió por los pecadores, lo que demuestra el amor de Dios (Romanos 5:8). • Los justificados por la fe tienen paz con Dios por medio de Jesucristo (Romanos 5:1). • La justicia que tienen los creyentes no es suya (Filipenses 3:9). • Los que están en Cristo están libres de toda condenación (Romanos 8:1).	Enfrascarse en intentar enseñarles o convencerles de la superioridad de un sistema teológico concreto (calvinismo, luteranismo, arminianismo, etc.).

* * * *

Paul Nurnberg nació y creció en el valle de Salt Lake, en Utah. Cumplió una misión proselitista de dos años para la Iglesia SUD en Hungría. Estudió en la Universidad Cristiana de Cincinnati, donde obtuvo un doctorado en Estudios Bíblicos. Anteriormente obtuvo una licenciatura en Administración de Empresas por la Universidad Thomas More, de la que se graduó summa cum laude. Ha disfrutado de una larga carrera en el sector de los seguros de salud, y desde 2019 produce el podcast *Outer Brightness: From Mormon to Jesus*. Lleva veintitrés años felizmente casado con su mejor amiga, Ángela. Tienen cinco hijos, tres perros y un viejo gato gruñón.

Capítulo 7

Lección misionera cuatro: Llegar a ser discípulos de Jesucristo para toda la vida (Parte 1)[90]

Por Neal Humphrey

No me había dado cuenta de que era vulnerable. Me encontraba en las tres cuartas partes de mi servicio misionero en Midlands y Gales de Gran Bretaña. Mi compañero y yo estábamos haciendo proselitismo (lo que llamábamos «folletear») por un barrio elegante de casas de clase media alta en Winsford, Inglaterra. Las casas eran robustas estructuras individuales de ladrillo, a diferencia de las habituales casas adosadas o dúplex que eran comunes en las ciudades británicas. Básicamente, pasábamos rápidamente por la calle porque nadie en un barrio tan agradable como éste nos dejaba entrar. Quienquiera que abriera la puerta solía negarse a hablar con nosotros, con diversos grados de cortesía; de vez en cuando alguien se mostraba grosero.

---

90   La lección 4 de *Predicad Mi Evangelio* se divide en cuatro secciones principales. Debido a que se cubre mucho material, este capítulo interactuará con las dos primeras secciones, y el capítulo 8 se ocupará de las dos últimas.

Me sentía vulnerable porque había completado nuestro plan de estudio diario misionero de dos años en un año. Curiosamente, el plan de estudio no incluía la lectura del Antiguo Testamento, así que concentré mi tiempo de estudio individual en el Antiguo Testamento. Para el momento en que estábamos repartiendo folletos en el vecindario más próspero de Winsford, yo había pasado más de cuatrocientas horas leyendo el Antiguo Testamento. Lo había leído dos veces, y luego volví atrás y estudié varios libros y pasajes en detalle. Decir que estaba cautivado por las Escrituras sería quedarse corto. Al final de mi misión, había pasado más de mil horas estudiando el Antiguo Testamento.

Sin embargo, ese estudio me había llevado a dos conclusiones inquietantes. La primera, que la cultura de la Biblia no era la misma que la cultura descrita en el Libro de Mormón. La segunda conclusión era que algunos de nuestros textos de prueba importantes para la validez de la creencia mormona eran graves interpretaciones erróneas de las Escrituras. No sería justo describir mis recelos como una crisis de fe o, como dirían los mormones, como la pérdida de mi testimonio. Más bien, mi escepticismo me motivaba a seguir estudiando. Desde luego, no estaba buscando una alternativa a mi pertenencia a la Iglesia mormona.

Cada casa tenía un patio delantero bien cuidado, lo que los británicos llaman un «jardín». Un residente nos despidió a mi acompañante y a mí, así que dimos media vuelta y nos dirigimos a la siguiente casa. La siguiente casa tenía una valla baja de hierro y una puerta. El camino hacia la puerta principal consistía en un ancho paseo de ladrillos colocados en espiga. Subimos los dos escalones hasta una amplia alcoba. Las ventanas emplomadas a ambos lados de la puerta estaban protegidas por un par de enormes helechos en macetas. Tocamos el timbre. En un barrio como éste, todos los timbres funcionaban.

Al cabo de un momento, la puerta se abrió y nos recibió una joven de treinta y tantos años, bien peinada. Iba vestida de «tweed», con bailarinas marrones, falda de lana color canela y blusa abotonada hasta el cuello bajo una rebeca verde claro. Nos presentamos y, para nuestra sorpresa, sonrió y nos invitó a pasar. Fuimos escoltados a un salón. El suelo de madera estaba cubierto de alfombras. Los muebles eran del típico y pesado estilo británico. Unas cuantas mesitas auxiliares estaban desempolvadas y cubiertas de pequeñas figuritas de latón, todas ellas pulidas hasta alcanzar un brillo intenso. Una chimenea dominaba un lado del salón. Fotos de la mujer con miembros de su familia abarrotaban la repisa de la chimenea. La habitación era cómoda, casi acogedora.

Nos sentamos todos. Mi compañero y yo nos sentamos en un sofá, y la mujer se sentó en una silla tapizada frente a nosotros. Comenzamos nuestras presentaciones habituales y nuestra presentación misionera. Ella escuchó cortésmente durante uno o dos minutos y luego nos interrumpió. «Son los primeros mormones que conozco y tengo algunas preguntas sobre sus creencias».

Lo que no sabíamos era que aquella mujer era una cristiana teológicamente informada, miembro de la Iglesia de Inglaterra (episcopal) y mucho más culta que las típicas personas que nos dejan entrar en sus casas. Rápidamente perdimos el control de la conversación cuando nos preguntó en qué creíamos.

Por ejemplo, cuando le revelamos que los mormones tenían escrituras adicionales como el Libro de Mormón, su reacción fue, «Entonces, ¿son como los musulmanes? Tienen cierta consideración por la Biblia, como los musulmanes, pero al igual que los musulmanes y el Corán, tienen preferencia por su Libro de Mormón». La única respuesta que teníamos para eso era «Sí».

Entonces insistió en tener una idea clara de nuestra teología básica. ¿Qué creíamos sobre Dios? Nos encontramos afirmando que creíamos en el Padre, el Hijo y el Espíritu Santo, pero tuvimos que admitir que también creíamos que eran uno en propósito, aunque eran tres personajes diferentes y no el único Dios Trino. Esto provocó su siguiente pregunta: «Entonces, ¿quién es su Dios Creador? ¿De dónde vino el universo?».

No pudimos responder a la pregunta porque no existe una respuesta mormona sistemática sobre el origen del universo. La escena de la creación en la ceremonia de investidura del templo deja claro que los dioses mormones organizan la materia existente en mundos. En el caso de nuestro mundo, la tierra fue el proyecto de Miguel (más tarde el hombre Adán) y Jehová por orden de otro dios llamado Elohim.

No queriendo revelar esta doctrina mormona privada a un no miembro, le dije: «Bueno, Dios tiene más conocimiento que los humanos y puede organizar mundos de acuerdo con las leyes de la naturaleza». Los ojos de la mujer se abrieron de par en par. Me miró fijamente un momento y luego dijo, «Hubiera preferido pensar que Dios creó las leyes de la naturaleza».

Mientras escribo esto, puedo mirar cincuenta y tres años atrás y ver a esa mujer, oír su voz y sentir la conmoción que me produjo su declaración. Me di cuenta entonces de que mi «dios» mormón era una entidad insignificante comparada con su Dios cristiano. Además, supe que estaba describiendo al único Dios verdadero que me cautivaba mientras leía y estudiaba el Antiguo Testamento.

Hubo una serie de otros incidentes e hitos que finalmente me llevaron a salir del mormonismo, pero la mujer cristiana de la casa elegante de Winsford, Inglaterra, produjo el primer y fatal daño que llevó a la erosión de mis convicciones mormonas.

Tres años después de mi misión, me volví funcionalmente inactivo de la Iglesia Mormona (aunque todavía tenía una recomendación del templo). Una docena de años después de mi misión, recibí el sacramento del bautismo cristiano. Una década después de mi bautismo, me gradué del seminario con una Maestría en Divinidad y fui ordenado al ministerio cristiano como pastor presbiteriano.

Hasta el día de hoy, cuando la gente me felicita por mis enseñanzas o sermones, los comentarios suelen ir acompañados de una apreciación de mis conocimientos del Antiguo Testamento, cuyos cimientos se establecieron cuando era misionero mormón. El punto de este prefacio es alertar al lector sobre la probabilidad de que los misioneros mormones tengan vulnerabilidades – algún escepticismo razonable sobre lo que se les ha enseñado a creer. Al presentar con franqueza el evangelio de Jesucristo a los misioneros mormones, no subestime el potencial de la verdad bíblica para socavar sus convicciones.

Ya que tienes la oportunidad de mantener este tipo de conversaciones, permíteme hacerte dos advertencias.

En primer lugar, el mormonismo es frágil. No existe una teología sistemática. No es difícil presentar pruebas de los grandes cambios e inconsistencias en la doctrina, historia, prácticas y políticas de la Iglesia Mormona. Utilizar dicha información en debates o confrontaciones con misioneros mormones no es productivo. Los misioneros se retirarán con un antagonismo reforzado hacia los cristianos, o pueden aceptar la información, abandonar la Iglesia Mormona y vivir sus vidas como ateos o agnósticos.

No sé cuántas docenas de conversos del mormonismo he bautizado personalmente. El proceso que utilicé para enseñar el evangelio a los mormones siempre se enfocó en lo positivo. Casi siempre usaba la seguridad, «Así es como puedes tener una vida después del barrio» (la congregación mormona local).

Mi propósito en este capítulo es ofrecer suficiente información para que un encuentro con misioneros mormones tenga el potencial de construir una relación que provoque que el misionero se replantee sus creencias.

He aquí mi segunda advertencia: hay que tener cuidado con la Biblia. A los mormones se les enseña que la Biblia ha sido corrompida, con muchas enseñanzas «claras y preciosas» eliminadas. Una declaración con base bíblica que entre en conflicto con lo que un misionero cree es probable que sea descartada a favor de la revelación de los Últimos Días. Hay algo de mérito en tomarse el tiempo para establecer razones para confiar en la Biblia.

Comentario sobre la Lección Cuatro

La lección 4 de Predicad Mi Evangelio está organizada de manera diferente a las tres primeras. Las primeras tres lecciones explican el fundamento doctrinal de cómo los mormones ven el evangelio de Jesucristo, pero la Lección 4 explica los convenios que un nuevo Santo de los Últimos Días hace en su bautismo y cómo vivir esos convenios guardando los mandamientos y cumpliendo varias ordenanzas. Los mormones creen que vivir de esta manera les ayudará a aplicar los principios del evangelio para que puedan vivir vidas que sean dignas de las bendiciones de Dios. En este capítulo, revisaré los dos primeros convenios del bautismo SUD: «Nuestro convenio de estar dispuestos a tomar sobre nosotros el nombre de Jesucristo» y «Nuestro convenio de guardar los mandamientos de Dios».

El propósito de la Lección 4 es enseñar o persuadir a los conversos potenciales a hacerse dignos de vivir como mormones activos. Este es un aspecto críticamente importante de la creencia y la vida mormona. Una frase común en las exhortaciones mormonas es «hacerse digno» para poder recibir el sacerdocio mormón, ir al templo, servir en una misión u ocupar un cargo en la Iglesia. La lista de lo que hace digno a un mormón es exhaustiva. Por lo tanto, a los conversos potenciales se les pregunta, «¿Estás dispuesto a obedecer estas normas antes y después de tu bautismo?».[91]

Si una persona quiere convertirse en mormón, tiene que demostrar que es digna. Por el contrario, hay una explicación

---

91 "Llegar a ser discípulos de Jesucristo para toda la vida" (Mantener sagrado el Sabbath)," Iglesia de Jesucristo de los Santos de los Últimos Días, consultado en junio 28, 2023. https://site.churchofjesuschrist.org/study/manual/preach-my-gospel-2023/04-chapter-3/11-chapter-3-lesson-4?lang=spa.

antigua y sencilla que ilustra una diferencia importante entre el cristianismo y otras religiones. En pocas palabras, es la diferencia entre «hacer» y «hecho».

En la religión no cristiana, el énfasis se pone casi siempre en lo que los adeptos tienen que «hacer» para ser redimidos o para tener una relación con la institución y lo que sea que se adore como dios. Por el contrario, el verdadero cristianismo se centra principalmente en lo que sólo Cristo ha «hecho». Esta lección misionera SUD trata de lo que los mormones tienen que hacer.

Como nota, esta lección sobre guardar los pactos y sus requisitos es mucho más extensa que el material similar de hace unas décadas. Los mormones han reconocido que ya no estamos en una cultura judeo-cristiana donde se puede presumir que la gente tiene una comprensión bíblica del bien y el mal. Esta lección presenta los detalles de una manera que los conversos potenciales sabrán lo que constituye lo dignos que tendrán que ser para abrazar los principios de la Iglesia SUD.

Superficialmente, no hay nada malo en ayudar a la gente a llevar un estilo de vida ético y moral basado en la Biblia. Millones de mormones se esfuerzan por hacerlo y viven vidas sanas y productivas. Por mi parte, todavía vivo el tipo de vida que me enseñaron a vivir cuando era un joven mormón. Por lo tanto, sería tonto argumentar en contra de obedecer los mandamientos de Dios. El problema con la enseñanza SUD son los mandamientos extra-bíblicos, así como una tergiversación de la doctrina de la salvación por la fe.

En el mormonismo, la presión por ser digno puede ser tóxica. Para algunos mormones, esforzarse por ser dignos conduce a un perfeccionismo neurótico con síntomas de depresión, ideación suicida, trastornos alimentarios, mala salud y miedo constante al fracaso. Por ello, Utah es a menudo el estado que más antidepresivos consume.[92] La principal causa de muerte de

---

92 Julie Cart, "Study Finds Utah Leads Nation in Antidepressant Use," *Los Angeles Times,* febrero 20, 2022, https://www.latimes.com/archives/la-xpm-2002-feb-20-mn-28924-story.html.

los jóvenes de Utah de entre quince y veinticinco años es el suicidio.[93] Cuando los medios de comunicación de Utah informan sobre estos lamentables hechos, siempre hay algún comentario sobre la presión social ejercida por la Iglesia mormona.

Además, no mantenerse digno desde una perspectiva mormona tendrá consecuencias punitivas. Como ejemplo personal, soy el mayor de cinco hijos. Todos éramos dignos de casarnos en los templos mormones. Nuestra madre no era digna porque era adicta a la nicotina y los líderes mormones le prohibieron asistir a las bodas de cada uno de sus cinco hijos. Años más tarde, le pregunté a cada uno de mis hermanos cómo se sentían acerca de la prohibición de que nuestra madre asistiera a nuestras bodas. Casi palabra por palabra, cada uno respondió, «Fue culpa suya». Mi madre no podía «hacer» lo que se suponía que los mormones debían hacer.

Por el contrario, cuando he compartido esta anécdota con cristianos, se han indignado. Este es un ejemplo de cómo los conversos potenciales a menudo no tienen idea de en qué se están metiendo si se unen a la Iglesia Mormona.

Para repetir un punto anterior, el cristianismo se centra en la muerte sacrificial de Cristo en la cruz. Esta es la definición funcional de la doctrina cristiana de la gracia. Nuestra relación con Dios es un regalo dado gratuitamente a los pecadores a través de la obra sacrificial de Cristo. Los pecadores no pueden ganar la salvación haciéndose dignos fuera de Cristo.

Notarás que la palabra «gracia» no aparece en absoluto en la explicación de estos dos primeros pactos. Cómo los mormones ven la gracia se revela en el sitio web de la Iglesia SUD: «Mediante Su gracia, el Señor también hace posible que aquellos que vivan Su Evangelio se arrepientan y sean perdonados. . . . La gracia de Dios nos ayuda a diario. Nos fortalece para hacer las buenas obras que no podríamos hacer por nuestra propia

---

93   "Utah Deaths by Age and Gender," World Life Expectancy, diciembre 22, 2021, https://www.worldlifeexpectancy.com/utah-cause-of-death-by-age-and-gender.

cuenta».[94] La gracia es inexacta y escandalosamente redefinida aquí como poder otorgado por su dios para que un mormón pueda guardar los mandamientos y hacer buenas obras para hacerse digno.

Esta cuarta lección sobre el cumplimiento de los pactos es de vital importancia porque si un misionero no logra que un converso potencial se comprometa a seguir los mandamientos, no habrá bautismo – no habrá «venta», por así decirlo. En mi misión durante la década de 1960, nuestro manual administrativo era explícito: la única medida del éxito de una misión eran los bautismos de conversos. Cincuenta años más tarde, ese criterio puede haberse suavizado un poco, pero no hay duda de que los misioneros eficaces son aquellos que traen conversos a la Iglesia Mormona.

Nuestro pacto de estar dispuestos a tomar sobre nosotros el nombre de Jesucristo

Esta primera sección describe dos maneras en que un Santo de los Últimos Días fiel recordará y seguirá a Jesús.

Ora con frecuencia

La primera expectativa relacionada con el pacto bautismal es orar. Los misioneros instruirán al posible converso que la oración generalmente debe hacerse de rodillas. No se describen en la lección el resto de las posturas de oración mormonas de cruzar los brazos, inclinar la cabeza y cerrar los ojos. Esto da lugar a preguntas obvias sobre los límites de las posturas de oración. ¿Por qué no ser bíblico? Por ejemplo, ¿por qué no levantar los ojos al cielo? ¿Por qué no levantar las manos?

---

94   Iglesia de Jesucristo de los Santos de los Últimos Días, "Gracia." Consultado en junio 28, 2023. https://site.churchofjesuschrist.org/study/manual/gospel-topics/grace?lang=spa. La Iglesia de Jesucristo de los Santos de los Últimos Días, "Llegar a ser discípulos de Jesucristo para toda la vida." Consultado en junio 28, 2023. https://site.churchofjesuschrist.org/study/manual/preach-my-gospel-2023/04-chapter-3/11-chapter-3-lesson-4?lang=spa. (Temas y Preguntas: "Gracia").

Estudia las «Escrituras»

La siguiente expectativa es leer las escrituras todos los días. Las cuatro «obras estándar» mormonas son el Libro de Mormón, Doctrina y Convenios, la Perla de Gran Precio y la Biblia. La mayoría de las citas bíblicas que apoyan la invitación a orar provienen del Libro de Mormón. La lección intencionalmente redirige la atención de un converso potencial lejos de la Biblia y hacia las «escrituras» mormonas. Incluye una lista de doce citas para guiar a un posible converso en sus oraciones. Siete son del Libro de Mormón, dos son de Doctrina y Pactos, y tres son de la Biblia.

El reto que podría ofrecerse a un misionero en este punto es preguntarle, «¿Qué tiene de peligroso leer la Biblia?». Podría iniciar un debate interesante.

Nuestro pacto para guardar los mandamientos de Dios

Sigue al Profeta

Típico de las creencias mormonas únicas, la enseñanza mormona sobre los profetas es distante y distorsionada de lo que enseña la Biblia.

En el prefacio expliqué que pasé cientos de horas durante la última mitad de mi misión mormona leyendo y estudiando el Antiguo Testamento. Imaginen mi sorpresa cuando me encontré con la narración en 2 Reyes 22 y repetida en 2 Crónicas 34. Esos capítulos describen que el Libro de la Ley fue descubierto durante la remodelación del templo. Los funcionarios del templo llevaron el libro al rey Josías y se lo leyeron. El rey y sus consejeros se dieron cuenta de que tenían un problema de cumplimiento, así que decidieron consultar a su profeta para ver qué tenía que decir el Señor sobre su situación.

La profetisa era Huldá. Me sorprendió leer que era la esposa de un sastre que administraba el guardarropa real. El informe bíblico de una mujer profeta sacudió los cimientos de mis creencias mormonas. Y Huldá profetizó. El resultado fue un renacimiento en Judá. Además, muchos académicos bíblicos creen que entre los beneficios del avivamiento estuvo la reunión de siete libros de la Biblia (Deuteronomio, Jueces, Josué, 1 y 2 Samuel, y 1 y 2 Reyes) en la forma en que los tenemos hoy. La mujer profeta Huldá fue una poderosa e histórica voz de Dios. El Nuevo Testamento se refiere a siete profetas contemporáneos. Algunos consideran que Juan el Bautista es el último de los profetas del Antiguo Testamento. El libro de los Hechos menciona a otros cinco profetas individuales. Ágabo figuraba entre los profetas de la Iglesia cristiana primitiva (He. 11:27-28; 21:10-11). Sin embargo, el Nuevo Testamento menciona más mujeres profetas que hombres. Ana, la profetisa, fue una de las primeras en reconocer al niño Jesús como el Mesías (Lucas 2:36-38). Felipe el diácono tenía cuatro hijas a las que se describe como profetisas (Hechos 21:8-9).

Estos hombres y mujeres llamados por Dios a ser profetas nunca fueron líderes institucionales. De hecho, ningún profeta bíblico fue líder de un reino o de una iglesia. Dios llama a los profetas a proclamar su Palabra y su voluntad desde los márgenes de las instituciones.

Además, el oficio de profeta, tal como lo define la Biblia, continuó en la Iglesia primitiva. Incluso hoy en día, el oficio de profeta es reconocido entre los grupos cristianos carismáticos. La verdadera iglesia de Jesucristo tiene hombres y mujeres que fueron llamados por Dios para ser profetas, lo cual puede ser un choque para los misioneros mormones.

Dios llamando a las mujeres a ser profetas puede ser un reto interesante para las mujeres mormonas. He utilizado esta ilustración bíblica en la enseñanza de las mujeres durante su transición fuera de la Iglesia Mormona, y han informado que fue muy útil. Tener presente en estos días la realidad bíblica de las mujeres profetas es importante porque existe la probabilidad de que los misioneros con los que se encuentre el lector sean mujeres - conocidas por los mormones como «hermanas misioneras». Cuando yo era misionero mormón a finales de los años sesenta, mi misión tenía unos doscientos misioneros. Sólo ocho eran mujeres. Eso es menos del 5 por ciento. Recientemente he hablado con misioneros que han regresado y con ancianos que están actualmente en servicio, quienes constantemente informan que más del 20 por ciento de la fuerza misionera mormona está compuesta por mujeres.

Es probable que los misioneros mormones desafíen a alguien con la pregunta: «¿Tiene usted un profeta de Dios a la cabeza de su iglesia?». La respuesta cristiana es, «Por supuesto que no».

En cambio, los profetas mormones son líderes institucionales a los que hay que seguir. Un converso potencial debe comprometerse a seguir al profeta mormón.

En los primeros tiempos del mormonismo, pasó un tiempo antes de que José Smith fuera reconocido como cabeza de la Iglesia. El primer obispo presidente, Edward Partridge, asumió que él era el líder de la recién organizada Iglesia Mormona. Supuso que la eclesiología mormona (organización de la iglesia) sería similar a la de muchas denominaciones cristianas en las que los obispos eran los líderes.[95] Sin embargo, el papel de profeta en el liderazgo mormón evolucionó rápidamente hacia un modelo autoritario que no tiene paralelo entre las iglesias cristianas. Un ejemplo del papel exaltado de los profetas mormones se ilustra en la primera y tercera líneas del estribillo del popular himno mormón «Loor al Profeta»:

> ¡Loor al Profeta, subido al cielo! . . .
> Justo y fiel, entrará en su reino y entre profetas se le premiará.[96]

---

95 Dale Beecher, "The Office of Bishop," *Dialogue: A Journal of Mormon Thought* 15, no. 4 (Winter 1982), 103.

96 "Loor al Profeta," *Hymns of the Church of Jesus Christ of Latter-day Saints* (Salt Lake City: Deseret Book, 1985), 27-28.

Introducir esta información del estribillo del himno en una conversación con misioneros mormones puede abrir una conversación esclarecedora sobre el papel de los profetas mormones y, no por casualidad, sobre su doctrina de la pluralidad de dioses. Finalmente, ¿los profetas mormones son fraudes? Por supuesto que lo son. Cualquiera puede hacer una búsqueda rápida en Internet y encontrar docenas de falsas profecías documentadas de José Smith y Brigham Young. El propósito de esta sección no es tanto demostrar que los profetas mormones son falsos, sino que la premisa misma del liderazgo profético es falsa.

Aun así, no puedo resistirme a informar sobre mi falsa profecía favorita pronunciada por José Smith. Mi tatarabuelo fue el líder y pionero mormón Anson Call. Si no sabes por qué Anson Call se suponía que era famoso, entonces José Smith es un falso profeta.

He aquí un extracto del diario de mi tatarabuelo, fechado el 6 de abril de 1842, en el que Anson Call cuenta lo que José Smith reveló:

> Hay algunos de ellos aquí que realizarán una gran obra en esa tierra [las Montañas Rocosas]. . . . Ahí está Anson, él irá y asistirá en la construcción de ciudades de un extremo del país al otro y ustedes realizarán una obra tan grande como jamás ha sido hecha por el hombre, y las naciones de la tierra se asombrarán y muchos de ellos se reunirán en esa tierra y asistirán en la construcción de ciudades.

Lo siento, abuelo. Establecer la ciudad de Fillmore, Utah, y más tarde Call's Fort con tus hermanos Omer y Homer, no cumple la profecía de «construir ciudades de un extremo a otro del país».

Guarda los Diez Mandamientos
Es útil dejar claro a los misioneros que tú tienes un conocimiento funcional del mormonismo. Puede que tengas cierta formación

formal en Biblia, historia de la Iglesia cristiana y teología, pero es probable que los misioneros mormones tengan un conocimiento incompleto incluso de su propia tradición, y lo que sepan sobre el cristianismo será menos, y probablemente distorsionado. Con esto en mente, ten cuidado de no abrumar a los misioneros exponiendo sin caridad su ignorancia. Hablar de los Diez Mandamientos ofrece la oportunidad de ser amable e informativo.

En primer lugar, un examen detenido de Éxodo 20:2-17 y Deuteronomio 5:6-21 revelará que posiblemente haya catorce mandamientos. Entonces, ¿por qué las listas oficiales tienen diez? Porque lo dice la Biblia: [Dios] *os anunció su pacto, el cual os mandó poner por obra; los diez mandamientos* (Deuteronomio 4:13). Como resultado, las diferentes tradiciones clasifican los catorce imperativos en diferentes listas de los Diez Mandamientos. Las tres variaciones principales se encuentran en el judaísmo, el catolicismo y la ortodoxia/protestantismo. Por ejemplo, guardar el sábado es el número tres en la lista católica, pero el número cuatro en la lista judía y protestante/ortodoxa.

La diferente numeración utilizada por las distintas tradiciones no cambia el impacto o el significado de los Diez Mandamientos, pero plantea una pregunta que se puede plantear a los misioneros mormones. ¿Por qué los mormones utilizan la lista protestante? Los Diez Mandamientos se encuentran en el Libro de Mormón,[97] pero ese contexto no sugiere un arreglo. Los Diez Mandamientos en el plan de lección de los misioneros usa Éxodo 20 como referencia y es protestante.

Cuando se enseña la ley de Moisés, siempre es divertido recordar a la gente que no sólo hay diez mandamientos, sino 613 mandamientos. Todos quebrantamos docenas de esos mandamientos casi todos los días, desde comer tocino hasta usar ropa tejida con telas mezcladas. Un punto que puedes plantear a los misioneros es recordarles que la ley de Moisés y el Antiguo Testamento dieron origen al grupo religioso y étnico más

---

97 Mosíah 12:34-36; 13:15-16; 13:21-24 (Libro de Mormón).

duradero de la historia de la humanidad: los judíos. Este hecho histórico confirma que la Biblia es suficiente para enseñar a los hijos de Dios a vivir plenamente su vida en la fe y el servicio.

El propósito de este tipo de discusión con los misioneros es simplemente mostrarles lo interesante que puede ser un estudio profundo de la Biblia. Sería totalmente apropiado advertirles: «Estudiar la Biblia cambiará tu vida».

La invitación al final de esta sección de *Predicad Mi Evangelio* es: «¿Guardaréis los Diez Mandamientos?». Por favor, hazlo.

Vive la ley de la castidad

La castidad es definida por los mormones como la limitación de las relaciones sexuales a aquellas entre un hombre y una mujer en un matrimonio legal y monógamo. Punto. Esta sección también enseña que todas las personas solteras, incluyendo aquellas con atracción hacia el mismo sexo, deben ser célibes. Las relaciones exclusivas y binarias son escriturales y esto está en línea con lo que los cristianos también creen.

Aunque aparece como un non sequitur, la lección también enseña en contra del aborto. Aunque esto también está en consonancia con las creencias cristianas, plantea la oportunidad de preguntar, «¿*Por qué* es malo el aborto?». En respuesta, un misionero podría mostrarse evasivo, quizás recurriendo a los típicos argumentos sobre los derechos de los no nacidos. Sin embargo, si el misionero admite que hay «espíritus» en la preexistencia, nacidos de madres celestiales, se producirá un debate esclarecedor.

Estos espíritus preexistentes necesitan nacer de madres humanas en la tierra para poder vivir una vida y pasar por un periodo de prueba mortal. Una vida mortal es el único camino para probarse a sí mismo digno de progresar eternamente a la gloria celestial y la divinidad. El aborto obviamente terminaría con la oportunidad de esos espíritus, y esa es la razón principal de la objeción mormona al aborto.

Hay una incoherencia en la creencia mormona cuando se trata de la tragedia de la muerte de niños pequeños. Si un niño muere antes de los ocho años, que es la «edad de responsabilidad» en la creencia mormona, ese niño va directamente al cielo mormón más alto. Allí esperan a que sus supervivientes hagan la obra del templo necesaria para que el niño muerto pueda progresar eternamente hacia la exaltación. Esta creencia es un consuelo para los padres y familiares en duelo. Si no fuera por la obra del templo, esto estaría cerca de la gracia. Un par de preguntas incómodas para los misioneros serían: «¿Hacen la obra del templo por los niños abortados?». «¿Los espíritus de los niños abortados regresan a la preexistencia y vuelven a la fila para tener la oportunidad de nacer?».

Esta conversación sobre espíritus preexistentes podría dar lugar a otras preguntas interesantes: «¿Hay madres en el cielo?» (Respuesta, «Sí»). «¿Dan a luz estas madres en el cielo a todos los miles de millones de niños espíritus?». (Respuesta, «Sí»). «¿Hay padres en el cielo?» (Respuesta, «Sólo uno»). «¿Entonces hay poligamia en el cielo?» (Respuesta, «Sí»). Si un misionero revela estas creencias privadas, es un signo de progreso hacia una relación basada en la franqueza y la honestidad.

Parte del reto para los misioneros en relación con esta lección es que se les exige que hagan algunas preguntas intrusivas a sus investigadores sobre prácticas sexuales. Imagino que habrá gente que se pregunte qué le importa a un chico de la mitad de su edad querer saber qué pasa en sus dormitorios. Aun así, los misioneros tienen que determinar si las personas cohabitan y, si es así, deben insistir en que se casen o se aseguren residencias separadas antes de ser bautizados. Las instrucciones incluyen incluso la exclusión de los polígamos.

Si hay un problema grave, como una mujer que ha abortado o alguien que es homosexual practicante, el misionero tiene instrucciones de concertar una «entrevista» especial de selección con el presidente de la misión.

En la cultura mormona, la palabra «entrevista» tiene un significado especial. Un mormón que está siendo entrevistado por un líder a menudo se enfrenta a una reprimenda por alguna deficiencia. Otras ocasiones en que se requieren entrevistas para determinar la valía incluyen el avance en el sacerdocio, el bautismo, las recomendaciones del templo, y la preparación para un puesto en la iglesia. A veces los mormones solicitan una entrevista, o una sesión de asesoramiento, con un líder.

Con esta idea en mente, si la relación de un cristiano con los misioneros se prolonga durante demasiado tiempo y empieza a influir en ellos, se expone a la posibilidad de que le llamen para una entrevista con el presidente de su misión, que podría resultar una experiencia punitiva. Entonces es muy probable que sean trasladados a otro distrito.

Guarda la ley del diezmo

Había tres diezmos en la ley del Antiguo Testamento: el diezmo de las fiestas, un diezmo para el Señor (Levítico 27:30 y otros lugares), y un diezmo de caridad que debía pagarse cada tercer año para el sustento de levitas, viudas y huérfanos (Deuteronomio 26:12). Es decir, un total anual del 23,3 por ciento, pero no había impuestos gubernamentales. Además, los israelitas consumían el diezmo del festival.

Mi punto es que el diezmo es ciertamente bíblico. Sin embargo, aunque el Nuevo Testamento anima a dar ofrendas, nunca se utiliza la palabra «diezmo». Aunque un diezmo es una décima parte, los únicos porcentajes de ofrenda mencionados en el Nuevo Testamento son el 50% en el caso de Zaqueo (Lucas 19:8), y el 100% en el caso del joven rico (Mateo 19:16-29; Marcos 10:17-30; Lucas 18:18-30), lo que hace que el 10% parezca bastante razonable.

Un principio importante del Nuevo Testamento es que cualquier ofrenda para la obra del reino de Dios debe ser un acto *alegre* (2 Corintios 9:7).

Aprendí el principio del diezmo como mormón, y todavía practico la disciplina, que Dios utiliza para bendecir a mi iglesia local. La mayoría de las personas con trabajos decentes que saben administrar prudentemente sus finanzas personales pueden pagar el diezmo. En mi caso, administrar prudentemente mi dinero incluye conducir una camioneta de veinte años que compré usada. El mantenimiento de esa camioneta sigue siendo menos caro que los pagos de un vehículo nuevo.

Los mormones rara vez, o nunca, usan la palabra «diezmo». Más bien, han llegado a preferir «diezmar» como sustantivo y como verbo, lo que haré durante el resto de esta sección.

En primer lugar, la Iglesia Mormona es increíblemente rica. Sus activos líquidos para operaciones eclesiásticas rondan el billón de dólares. Los ingresos anuales procedentes del diezmo ascienden a siete mil millones de dólares, que van directamente a la sede de la Iglesia en Salt Lake City.[98] La ironía es que el flujo de ingresos del diezmo podría detenerse por completo y la Iglesia podría seguir financiando todas sus operaciones sólo con los ingresos de las inversiones. Además, la Iglesia Mormona tiene numerosas empresas seculares fuera de sus operaciones eclesiásticas sin ánimo de lucro, que también están valoradas en mil millones de dólares. Por miembro, la Iglesia Mormona es el cuerpo religioso más rico del planeta.

Los mormones se toman en serio el principio del diezmo. Para ser un mormón en plena fe y comunión, se requiere pagar el diezmo completo. De hecho, cerca del final del año calendario, los obispos de barrio comenzarán a programar entrevistas de «Declaración del Diezmo». Se espera que todos los miembros del barrio se reúnan con el obispo local y revisen sus contribuciones para asegurarse de que han pagado completo.

Abundan los cuentos populares sobre obispos mormones que exigen extractos bancarios o declaraciones de impuestos

---

98 Para un ejemplo, véase Tony Semerad, "Here's a deeper look at how the LDS Church makes its billions," *Salt Lake Tribune*, septiembre 27, 2021.

durante las entrevistas de diezmo para confirmar que un miembro está contribuyendo la décima parte necesaria completa.

Aunque probablemente sean apócrifas, podría ser divertido preguntar a los misioneros qué tipo de documentación tiene que llevar un miembro de la Iglesia a la entrevista para la declaración del diezmo.

Aun así, si los mormones no pagan el diezmo completo, se exponen a la misma lista de sanciones que se imponen a quienes no obedecen la Palabra de Sabiduría.

La lección también contiene un extravío cuando afirma «El diezmo no se utiliza para pagar a los líderes locales de la Iglesia. Ellos sirven voluntariamente sin ningún pago».[99] Eso es cierto. Lo que no se revela, sin embargo, es que las Autoridades Generales que dirigen la Iglesia mormona cobran todos salarios de altos ejecutivos, la mayoría de siete cifras. Aunque es probable que los misioneros mantengan los habituales prejuicios mormones contra el clero cristiano porque cobran, es poco probable que sean conscientes de los millones de dólares que cobran sus máximos dirigentes. Una pregunta desafiante sería preguntarse por qué no se mencionan los salarios de las Autoridades Generales.

Obedece la palabra de sabiduría

La Palabra de Sabiduría es el código dietético mormón que exhorta a los miembros a ser moderados en el consumo de carne (lo que se ignora en gran medida) y a no usar ni consumir bebidas alcohólicas, tabaco, té y café. A primera vista, no hay nada malo en tener un código dietético, pero al mismo tiempo, tales códigos también pueden conducir al abuso y la hipocresía.

La Palabra de Sabiduría, que se encuentra en Doctrina y Convenios 89, supuestamente comenzó como un consejo en una revelación a José Smith y se siguió vagamente durante

---

99   La Iglesia de Jesucristo de los Santos de los Últimos Días, "Llegar a ser discípulos de Jesucristo para toda la vida" (Cumplir la ley del diezmo)."

décadas. Para 1921, sin embargo, fue reinterpretada como un mandamiento rígido. Un mormón que no pudiera seguir la Palabra de Sabiduría sería considerado indigno de avanzar en el sacerdocio o de recibir una recomendación para el templo. Además, como afirma *PME*, los mormones creen que «Obedecer la Palabra de Sabiduría nos ayudará a ser más receptivos a los impulsos del Espíritu Santo».[100]

Ha sido interesante observar a los mormones en su relación con la Palabra de Sabiduría. Una noche hubo un desafortunado choque de un tanque de propano a una milla al norte de mi iglesia en Utah. Los equipos de emergencia estaban preocupados por la posibilidad de una explosión que podría arrasar un área de media milla de diámetro, por lo que cientos de residencias fueron evacuadas. Tres de los lugares de evacuación fueron mi iglesia, la casa de reuniones de los Santos de los Últimos Días, al otro lado de la calle, y el ayuntamiento de nuestra ciudad, al lado. Atendimos a la gente toda la noche.

Uno de los líderes de la comunidad, un devoto mormón, bromeó más tarde que «Si necesitabas cafeína caliente esa noche, te la servían en la iglesia presbiteriana».

Unos años más tarde, asistí a un curso de formación de una semana para líderes de *Boy Scouts*. Sólo asistían dos personas no mormonas, así que llevé mi propio café y mi propia cafetera. Los mormones trajeron una pila de cajas de Mountain Dew, una bebida con uno de los contenidos de cafeína más altos de todos los refrescos. Esto explica el divertido dicho mormón, «Puedes conocer la piedad de un miembro de la Iglesia por la temperatura a la que consume su cafeína». Sí, los mormones tienen sentido del humor.

De nuevo, no hay nada malo con la sabiduría de un código dietético. Cuando yo era un mormón activo (y por años después de que dejé de serlo), continué adhiriéndome a la Palabra

---

100   La Iglesia de Jesucristo de los Santos de los Últimos Días, "Llegar a ser discípulos de Jesucristo para toda la vida" (Cumple la Palabra de Sabiduría)."

de Sabiduría. Sin embargo, utilizar tal código para el control social es otro asunto totalmente distinto. Si los mormones no obedecen la Palabra de Sabiduría:

- No pueden servir en una misión.

- No pueden convertirse en un anciano (o recibir cualquier promoción sacerdotal).

- No pueden casarse en el templo.

- No pueden renovar su recomendación para el templo.

- No pueden ser llamados a cargos eclesiásticos importantes, como obispo o presidente de estaca.

- No pueden considerarse mormones fieles.

La iglesia presbiteriana en la que serví en Utah proporcionó espacio para ocho grupos de recuperación de doce pasos, la mayoría de los cuales atendían a drogadictos o alcohólicos. Casi todos los más de cien asistentes eran de origen mormón, aunque ninguno era mormón activo. Aunque hay mormones que intentan dar una respuesta constructiva a los muchos miembros que luchan contra las adicciones, hasta ahora la línea de fondo sigue siendo punitiva.

En encuentros con misioneros, hay una alta probabilidad de que alguien cercano a ellos, como un padre, hermano, pariente cercano o amigo haya estado en el extremo receptor del juicio de algún líder mormón a causa de la Palabra de Sabiduría. Si esa circunstancia puede ser descubierta, entonces puedes tener la oportunidad de iluminar cuan irrazonable, desigual, o incluso injusto ha sido tal juicio.

Por último, si los misioneros están dispuestos a aceptar las enseñanzas de Jesús sobre la cuestión de los códigos dietéticos, se les puede recordar que Jesús aclaró tales restricciones. Lo que una persona consume no la hace indigna.

Él [Jesús] les dijo: ¿También vosotros estáis así sin entendimiento? ¿No entendéis que todo lo de fuera que entra en el hombre, no le puede contaminar, porque no entra en su corazón, sino en el vientre, y sale a la letrina? Esto decía, haciendo limpios todos los alimentos. Pero decía, que lo que del hombre sale, eso contamina al hombre. Porque de dentro, del corazón de los hombres, salen los malos pensamientos, los adulterios, las fornicaciones, los homicidios, los hurtos, las avaricias, las maldades, el engaño, la lascivia, la envidia, la maledicencia, la soberbia, la insensatez. Todas estas maldades de dentro salen, y contaminan al hombre."
(Marcos 7:18-23)

Concluiré con una breve historia. Hace varios años, me entrevistaba un equipo de búsqueda de pastores. Una de las mujeres del panel me sorprendió con la pregunta, «¿Qué opina de la cerveza y de la elaboración de cerveza?». Lo que yo no sabía era que su marido era un galardonado cervecero aficionado.

Preguntándome adónde me llevaba la pregunta, les pedí un ejemplar de la Biblia. Cuando me dirigí a Deuteronomio, les expliqué que uno de los tres diezmos de la ley de Moisés era el «diezmo festivo», en el que la décima parte de los ingresos de la hacienda o granja se llevaba al lugar al que Dios había convocado a todo el mundo. El propósito era adorar a Dios y tener un gran banquete. Luego leí:

Y si el camino fuere tan largo que no puedas llevarlo, por estar lejos de ti el lugar que Jehová tu Dios hubiere escogido para poner en él su nombre, cuando Jehová tu Dios te bendijere, entonces lo venderás y guardarás el dinero en tu mano, y vendrás al lugar que Jehová tu Dios escogiere; y darás el dinero por todo lo que deseas, por vacas, por ovejas, por vino, por sidra, o por cualquier cosa que tú deseares; y comerás allí delante de Jehová tu Dios, y te alegrarás tú y tu familia (Deuteronomio 14:24-26)

Más tarde me contaron que ese fue el momento que cristalizó la decisión del equipo de búsqueda de llamarme como pastor. Por supuesto, las Escrituras nos advierten que no nos emborrachemos con vino (Efesios 5:18), y algunas personas, por diversas razones aceptables, pueden optar por abstenerse del alcohol. Esto quiere decir simplemente que el alcohol en sí mismo no está prohibido en las Escrituras, y las normas estrictas que exigen la abstinencia total son, por lo general, mandamientos extra-bíblicos.

Guarda el Sabbath y el Día Santo

La siguiente sección es la observancia del sábado, que es una de las varias marcas visibles del celo de un mormón. Con la excepción de algunas ocupaciones, los mormones no trabajan el domingo, ni se recrean o juegan. Se visten de domingo y se dejan la ropa puesta todo el día. Esta práctica puede ser sofocante para algunos, pero funciona para muchos.

Mis vecinos de al lado son mormones activos y son gente muy agradable con una familia enorme. Un día, la madre me dijo que tenía una cascada de ropa sucia de la que tenía que ocuparse. Decidió hacer varias cargas el domingo. Cuando se le estropeó la lavadora, admitió con pesar y buen humor que su dios la estaba castigando por quebrantar el Sabbath.

La observancia del sábado implica asistir a la «reunión sacramental» cada semana. En el lenguaje mormón, la palabra «sacramento» sólo se utiliza para describir la versión mormona de la Eucaristía o la Mesa del Señor. Los elementos que los mormones sirven en su sacramento son pan blanco y agua, lo cual, cuando se piensa en ello, tiene mucho sentido dada su cristología diluida. Aunque los misioneros han revelado sólo una pequeña parte de los mandamientos necesarios que los conversos tendrán que seguir, esta lección se centra en una invitación a bautizarse y unirse a la Iglesia Mormona. Este sistema de lecciones es como todas las versiones de lecciones misioneras desde la década de 1960, con énfasis en «cerrar la venta», o conseguir un converso bautizado. Si este fuera un manual de ventas honesto, esta primera invitación a bautizarse y unirse a la Iglesia Mormona se llamaría un «cierre de prueba» – una sonda para ver qué más se debe enseñar con el fin de persuadir a la persona a hacer un compromiso.

Obedecer y honrar la Ley

En esta sección se plantea una cuestión. Los misioneros quieren atraer a su iglesia a ciudadanos respetuosos con la ley. Si un converso potencial tiene antecedentes penales o está en libertad condicional, los misioneros tienen que remitirlo al presidente de su misión para que lo investigue más a fondo (la «entrevista»).

Vivo en un condado urbano con más de 360.000 habitantes. Es el tercer condado más grande del estado de Utah. Hace unos años, pasé un año en un grupo de revisión ciudadana que estudiaba las ventajas de ampliar la cárcel del condado y cómo financiarla. Resultó ser una necesidad crítica, y los ciudadanos del condado votaron a favor de aprobar nuestra recomendación de financiar la ampliación con una emisión de bonos. Una de las cosas que aprendí durante ese estudio fue que la tasa y los tipos de delitos cometidos en nuestro condado eran los típicos de una comunidad estadounidense de nuestro tamaño y perfil racial y económico. En aquella época, alrededor del 80% de la población era mormona. En otras palabras, los mormones son tan propensos como otras comunidades a tener una minoría de personas que no obedecen la ley.

Sin embargo, un aspecto en el que Utah es único es el fraude por afinidad. El fraude por afinidad es un delito que utiliza las relaciones, a menudo en un entorno eclesiástico, para promover esquemas piramidales o Ponzi que roban a personas crédulas sus «inversiones». Utah es la capital estadounidense del fraude por afinidad.

Aunque es justo decir que los mormones quieren ser buenos ciudadanos respetuosos de la ley, su comunidad tiene básicamente los mismos resultados desiguales que en todas partes.

En conclusión

Una vez más, exhortar a una comunidad religiosa a seguir los mandamientos de Dios no es malo. Sin embargo, imponer el cumplimiento de mandamientos extra-bíblicos para mantener a la gente a raya con lo que equivale a un garrote enjuiciador es malo.

Con suerte, un encuentro con misioneros en el contexto de esta lección enseñará a los misioneros a hacer este tipo de preguntas cuando los líderes mormones traten de imponer el cumplimiento de mandamientos mormones extra-bíblicos. ¿Es justo? ¿Es saludable? ¿Quién se beneficia de tal cumplimiento?

Volviendo a mi encuentro con la mujer de la iglesia anglicana en Winsford, Inglaterra, ella era una cristiana informada y de convicción, incisiva en su discurso conmigo, y en absoluto conflictiva o combativa. Dios la utilizó para iniciar con éxito la transformación más inesperada y bendita de mi vida.

* * *

Neal Humphrey creció como mormón de sexta generación, descendiente de los primeros pioneros de Utah. Sirvió en una misión SUD entre 1966 y 1968 en la Misión Británica Central. Humphrey asistió a la Universidad Brigham Young y se casó en el templo de Los Ángeles. Abandonó el mormonismo para seguir a Cristo. Obtuvo un máster en Divinidad en el Seminario Teológico de San Francisco y es ministro ordenado. Ha sido pastor de varias iglesias, desde la presbiteriana hasta la bautista. El reverendo Humphrey es un ávido pescador con mosca y esquiador de nieve, y también disfruta cocinar, hacer senderismo, acampar y a los perros.

Capítulo 8

Lección misionera cuatro: Llegar a ser discípulos de Jesucristo para toda la vida (Parte 2)

Por Michael Flournoy

«Eres el portador de la antorcha». Las palabras de mi abuelo resonaron en mi mente. Imaginé sus ojos empañados mientras me agarraba del hombro. Yo era un Santo de los Últimos Días de séptima generación. Muchas personas de mi línea materna habían ido a predicar el Evangelio restaurado y habían tenido experiencias milagrosas. Yo sería el primero en servir en una misión por parte de mi padre. Era mi deber dar un buen ejemplo a mis hermanos para que ellos también sirvieran en misiones. Todo dependía de mi.

Sin embargo, de repente mi testimonio se tambaleaba por un encuentro que tuve con un cristiano evangélico. Pasé tres horas a la defensiva, soportando argumentos que nunca pensé que existieran. Lo peor de todo es que el arma elegida por el evangélico era la Biblia.

Me quedé estupefacto. Pensaba que la Biblia debía estar de mi parte, pero se ponía repetidamente del lado de mi oponente. ¿Cómo era posible? Éramos la Iglesia restaurada. Era una Iglesia por la que mis antepasados habían sido perseguidos, por la que habían cruzado las llanuras en carros de mano para preservarla e incluso por la que habían muerto. El legado de toda mi familia dependía de que la Iglesia SUD fuera lo que decía ser. ¿Podría ser una mentira?

Me sentía como si alguien me hubiera golpeado el estómago con una bola de demolición. Ni siquiera podía imaginar una vida fuera del mormonismo. Mi fe era una parte integral de mi ser; cualquier otra cosa era una pesadilla insondable llena de condenación, oscuridad y miseria de la que nunca podría despertar.

Cruzando el umbral

Muchas cosas sucedieron después de ese fatídico encuentro en 2003. Dios utilizó mi encuentro con un evangélico llamado Ed Enochs para plantar una semilla de verdad en mi corazón. Me di cuenta de que la Biblia era la Palabra de Dios y que era una fuente fiable para buscar respuestas.

Al principio de mi viaje a la verdad, el texto bíblico parecía apoyar mi fe SUD. Entusiasmado por esto, me convertí en un apologista aficionado cuyo objetivo era proteger a los mormones desprevenidos de la embestida de los evangélicos. Pasé incontables horas debatiendo con cristianos en línea, y en 2012, escribí un libro titulado *Una Defensa Bíblica del Mormonismo*.

El libro llamó la atención de los Santos de los Últimos Días locales, y me invitaron a hacer presentaciones sobre cómo defender la fe con la Biblia. Los evangélicos también se pusieron en contacto conmigo y me ofrecieron debatir públicamente. Estaba obsesionado con demostrar que el mormonismo era verdadero. Debatía con todos los que podía y no paraba de idear nuevas formas de eludir los argumentos cristianos.

En 2015, decidí ir tras la joya de la corona del cristianismo. Comencé un estudio serio sobre el tema de la gracia, sabiendo que, si podía refutar la noción de la salvación por la fe sola, entonces el cristianismo protestante se derrumbaría. Descubrí que la gracia en la Biblia era diferente a como la describía la Iglesia SUD. No era simplemente poder capacitador, sino que era poder salvífico. Me di cuenta de que los cristianos eran justificados gratuitamente porque Cristo nos dio su justicia cuando creímos en Él.

Al cabo de un año, dejé la Iglesia SUD. La gracia me conquistó. Fue el antídoto para toda una vida de religión basada en las obras. Mi confianza y mi vida ahora pertenecían sólo a Jesús. Con base en mi experiencia, considero que la gracia es la mejor arma en nuestro arsenal cuando los misioneros mormones tocan a la puerta.

Otro evangelio

A medida que la Lección 4 de *Predicad Mi Evangelio* continúa su enfoque en las leyes y ordenanzas SUD, se amplían los otros dos convenios bautismales: «Nuestro convenio de servir a Dios y a los demás» y «Nuestro convenio de perdurar hasta el fin». Esta parte de la lección enseña sobre las varias organizaciones en la Iglesia SUD y la importancia de la autoridad del sacerdocio para proveer ordenanzas salvadoras. El capítulo profundiza en lo que deben hacer los buenos miembros de la Iglesia, que incluye la obra misionera, servir a la comunidad, casarse en el templo para siempre y por toda la eternidad, y observar y registrar fielmente la historia familiar para que los que ya no están puedan recibir estas ordenanzas vicariamente.

La lección 4 se aplica no sólo a los que investigan la Iglesia SUD, sino también a los nuevos miembros que ya han sido bautizados. Con un «investigador», los misioneros probablemente no entrarán en mucho detalle en la mayoría de estos temas. Después de todo, ¿por qué un extraño necesita saber acerca de las organizaciones, estructura y procedimientos de la Iglesia? Sin embargo, *PME* anima a los misioneros a ser flexibles con lo que enseñan y con el cuándo. Un tema que se enfatiza mucho a lo largo del capítulo es la autoridad del sacerdocio, y los misioneros pueden tratar de introducirlo después de agotar otros temas de conversación, o podría surgir en la primera visita. De cualquier manera, es la oportunidad perfecta para compartir el evangelio de la gracia, como explicaré más adelante.

Permíteme darte dos consejos generales antes de empezar. En primer lugar, recomiendo adoptar el papel de un investigador que emprende el viaje de la verdad con ellos. Esto no significa negar tu fe o actuar como si no tuvieras fuertes convicciones, pero te pone a su nivel y hace que estén más interesados en escuchar tu versión de la historia. Cuando uno da la impresión de ser un sabelotodo que intenta salvarlos, lo más probable es que los ahuyentes. Me acerco a los misioneros SUD como me acercaría a un gato callejero. Tienes que tranquilizarlos y demostrarles que no eres una amenaza.

En segundo lugar, ten en cuenta que los mormones tienen muchos puntos de vista diferentes. Algunos creen firmemente en la gracia, pensando que sólo necesitamos entrar en un pacto bautismal y que Dios pasará por alto nuestros pecados. Otros creen que tienen que poner fin a todo comportamiento pecaminoso para ser dignos, pero pueden necesitar siglos o más para lograr ese objetivo en la otra vida.

Si se les confronta directamente, los ancianos afirmarán que el suyo es un evangelio de gracia. No te dejes engañar. Como misionero, me enseñaron a evitar los ataques directos a las creencias de la gente y a buscar puntos en común. Ni siquiera sabía que estaba siendo engañoso o que estaba enseñando un evangelio diferente. Sólo pensaba que me basaba en lo que la gente ya creía. Los mormones son expertos en utilizar el lenguaje protestante y mezclarlo con herejía. Por último, date cuenta de que los misioneros son sólo hombres y mujeres jóvenes. No son apologistas empedernidos de la fe. Son víctimas de una secta de control mental, y debemos tenerlo en cuenta. No son nuestros enemigos. Algunos de ellos, como yo, nacieron en la fe y son simplemente mormones porque nunca han conocido otra alternativa.

Sólo asegúrate de no confundir el evangelio mormón con el evangelio bíblico. *PME* declara, «El evangelio de Jesucristo incluye toda la doctrina, principios, leyes, mandamientos, ordenanzas y pactos necesarios para nuestra salvación y exaltación. El mensaje del evangelio es que podemos acceder al poder salvador y redentor de Jesucristo. Lo hacemos ejerciendo fe en Él, arrepintiéndonos, bautizándonos, recibiendo el don del Espíritu Santo y perseverando hasta el fin».[101]

Este no es el evangelio de la gracia, que nos dice que Cristo justifica a los impíos imputándoles Su justicia. La imputación se refiere a la verdad bíblica de que Jesús vivió una vida perfecta de obediencia a nuestro favor y nos la ofreció en la cruz, contingente en nada más que la fe. En contraste, el mormonismo es un evangelio de obras. Es una religión que enseña que, con la ayuda de Dios, podemos ser perfectos. La gracia se reduce a un poder capacitador, pero la salvación se obtiene de la obediencia y el arrepentimiento del pecado. Las escrituras mormonas de hecho declaran que «es por gracia que somos salvos, después de todo lo que podemos hacer».[102]

En última instancia, la Iglesia SUD rechaza la imputación y en su lugar enseña un evangelio de amputación. Es decir, el hombre debe amputar el pecado de su vida para llegar a ser digno. Dos atributos de este falso evangelio son los siguientes:

---

101   La Iglesia de Jesucristo de los Santos de los Últimos Días, "Llegar a ser discípulos de Jesucristo para toda la vida" (Perspectiva pedagógica: El Evangelio de Cristo y la Doctrina de Cristo).

102   2 Nefi 25:23 (Libro de Mormón).

(1) Puesto que la obediencia y el arrepentimiento nos hacen dignos, el pecado puede deshacer la salvación, y (2) se requiere una autoridad especial del sacerdocio para llevar a cabo las ordenanzas salvadoras.

El mormonismo no es único, ya que todas las religiones de la tierra están construidas de la misma manera. El hombre debe hacer algo para merecer la salvación, y sólo su organización religiosa particular proporciona los medios necesarios para hacerlo. Esta es la razón por la cual la Iglesia SUD no reconoce el bautismo de nadie a menos que haya sido hecho por alguien que posea la autoridad del sacerdocio.

La lección 4 de la PMG plantea una larga lista de cosas que debemos hacer para vivir nuestro pacto bautismal, incluyendo la obra misionera, el matrimonio, la genealogía, la obra del templo, el servicio a nuestros semejantes y a la Iglesia, y la enseñanza mutua. Además de todo esto, debemos perseverar hasta el fin. Este evangelio nunca ofrece ninguna seguridad ni proporciona ningún punto en el que alguien pueda descansar en la gracia de Cristo. Por eso, no son buenas noticias en absoluto. Al pasar por cada punto, explicaré cómo las enseñanzas individuales de *PME* afectan las vidas de los Santos de los Últimos Días, dejándolos sin esperanza y en desesperada necesidad del evangelio de Jesucristo.

Nuestro pacto de servir a Dios y a otros

Servicio

Si le preguntas al mormón promedio qué bondades tiene la Iglesia SUD, se jactará de cómo ayuda a la gente necesitada cuando ocurre un desastre. Si alguien en una congregación necesita mudarse, una parte significativa de los hombres vendrá y ayudará. Incluso los líderes locales dedican horas de servicio sin recibir ningún tipo de compensación. Suena a utopía, pero normalmente estas obras se realizan por obligación a un pacto. En el mormonismo, las buenas obras son parte del camino a la salvación. *PME* dice, «Cuando somos bautizados, hacemos un pacto de servir a Dios y servir a otros. Servir a los demás es una de las formas principales en que servimos a Dios».[103]

En el momento del bautismo, los mormones prometen, entre otras cosas, servir a los demás. Si cumplen su parte del trato, Dios les concederá la vida eterna. Este trato es triste porque depende de que la persona logre obedecer los mandamientos mormones -obedecer mandamientos y pactos extra-bíblicos, hacer trabajo misionero y llevar las cargas de otros. Por lo tanto, si un Santo de los Últimos Días no es fiel en estos esfuerzos, no hay garantía de vida eterna.[104] Servir se convierte en un trabajo obligatorio que merece la salvación en lugar de ser un don dado gratuitamente por amor.

Parte del servicio consiste en recibir lo que se denomina una «llamada». El obispo aparta a alguien y le da un trabajo especial en la Iglesia que debe desempeñar, sin remuneración, por el bien de la congregación. He recibido muchos llamados que no quería y que no tenían nada que ver con mis habilidades. Por ejemplo, cuando mi primera esposa y yo estábamos recién casados, nos llamaron para ayudar en la guardería. Los niños de dos y tres años no eran mi fuerte, por no hablar de que mi esposa y yo aún no habíamos aprendido a comunicarnos. Acabó causando un estrés considerable en nuestro matrimonio.

A pesar de las dificultades, era impensable pedir que se nos asignara a otra cosa. Cuestionar a los líderes locales era cuestionar al Señor mismo. Al fin y al cabo, era Dios quien realmente elegía los llamamientos de cada uno. Si el llamado encajaba bien, era porque el Señor necesitaba los talentos de esa persona. Si encajaba mal, era porque el Señor quería que esa

---

103 La Iglesia de Jesucristo de los Santos de los Últimos Días, "Llegar a ser discípulos de Jesucristo para toda la vida" (Servicio).
104 Doctrina y Convenios 82:10.

persona creciera. Nunca me pasó por la cabeza que los líderes no estuvieran inspirados o que nos estuvieran controlando con estos llamamientos.

En un momento dado, me llamaron a la Presidencia del Quórum de Ancianos, que es el auxiliar sobre los hombres de la congregación. Se me exigía asistir a una reunión todos los miércoles por la noche después del trabajo, que normalmente se prolongaba hasta altas horas de la madrugada. Eso sí, sin ningún tipo de compensación. Algunos llamamientos son aún peores. Los obispos mormones tienen tanta responsabilidad que equivale a un trabajo a tiempo completo. Como no se les compensa, tienen que trabajar en un empleo real además de eso, todo a expensas de su tiempo familiar.

A menudo se habla en la iglesia de cómo los miembros necesitan magnificar sus llamados. Necesitan encontrar maneras de sobresalir en cualquier cosa que el Señor les pida que hagan. Eso significa que siempre hay más tiempo que los mormones pueden dedicar al servicio de la Iglesia. Además, a cada familia se le asigna un turno en una rotación para limpiar el edificio de la iglesia los sábados por la mañana. Si alguien se muda, se presiona a los hombres para que ayuden. En retrospectiva, me doy cuenta de que la Iglesia Mormona me mantenía demasiado ocupado como para pensar si era verdad. Siempre estaba demasiado apurado de un proyecto de servicio a otro.

Compartiendo el evangelio

En cuanto a la obra misionera, *PME* dice, «Como parte de nuestro pacto bautismal, prometemos "ser testigos de Dios" (Mosíah 18:9). Una de las maneras de ser testigos es compartiendo el evangelio de Jesucristo. Ayudar a otros a recibir el evangelio es uno de los tipos de servicio más gozosos que podemos dar».[105]

En el mormonismo, cada vez que se menciona el trabajo

---

105 La Iglesia de Jesucristo de los Santos de los Últimos Días, "Llegar a ser discípulos de Jesucristo para toda la vida" (Compartiendo el evangelio).

misionero, sólo se habla de las bendiciones asociadas con él. Pero los pactos SUD siempre implican alguna obligación de nuestra parte. Esto viene con un sentimiento ominoso de deber mezclado con arrepentimiento. ¿Cuántos amigos tenía que ni siquiera sabían que yo era SUD? Yo vivía en un pueblo pequeño, y ningún otro mormón fue a mi escuela secundaria. Era mi culpa si ellos no sabían de la verdadera iglesia.

Dios no pretendía que me limitara a guardar *algunos* de los mandamientos. Necesitaba guardarlos todos si quería regresar a Su presencia en el reino celestial.[106] Los que no fueron valientes fueron enviados a un nivel inferior del cielo llamado reino terrestre, donde estarían separados para siempre de la presencia del Padre.[107] Tenía sentido porque el pacto bautismal decía que tenía que ser testigo de Dios en todo momento y en todo lugar en el que me encontrara.[108]

Sólo fui testigo de Dios algunas veces, generalmente como resultado de la visita de los misioneros a mi familia y pidiéndonos que consideráramos en oración a un amigo a quien pudiéramos permitir que enseñaran. Una vez que me convertí en misionero, empleé esa táctica todo el tiempo. La gente estaba mucho más dispuesta a escuchar a la Iglesia si alguien a quien conocían y en quien confiaban era miembro.

La labor misionera era tan importante para mi familia que sentí que no podía elegir no servir en una misión de dos años. Intenté alistarme en el ejército, pero mi madre no quiso. Me dijo que le encantaría que me alistara en el ejército, pero que la misión tenía prioridad.

Cuando fui a servir a Anaheim, California, descubrí que muchos de los misioneros no querían estar allí. Uno de mis compañeros dijo que su novia no se casaría con él si no iba, lo cual era un voto común entre las mujeres SUD. Para ellas, un

---

106 Según la interpretación SUD de Mateo 5:48.
107 Doctrina y Convenios 76:79
108 Mosíah 18:9 (Libro de Mormón).

hombre que se negaba a servir en una misión no se tomaba en serio su fe y no era apto para el matrimonio. Otro compañero confesó que había orado para decidir si servir o no y que había recibido una revelación para no ir. La presión de la cultura era tan grande que fue de todos modos.

En medio de mi servicio, un hombre al que había bautizado meses antes me llamó para decirme que había pedido salir a una mujer del barrio y que lo rechazó porque no había servido en una misión. Tenía veintiséis años cuando lo bautizamos y no cumplía los requisitos para servir. Es evidente que las repercusiones de eludir el servicio misionero son tan grandes que casi no es una elección. No hacerlo podría convertir a alguien en un marginado de la fe, dificultar sus perspectivas de citas e incluso perjudicar su capacidad para conseguir un trabajo si viviera en algún lugar con una gran población mormona.

Ayuno y ofrendas de ayuno

La ley del ayuno es una característica única y encantadora de la vida mormona. En primer lugar, por «ayuno», los mormones entienden un ayuno de privación de alimentos o bebidas durante un tiempo determinado. La mayoría de los cristianos pertenecen a tradiciones en las que los ayunos selectivos forman parte de temporadas y días sagrados en los que se evita el alcohol y/o la carne. El ayuno selectivo es desconocido para los mormones.

Algunos mormones harán un llamamiento a la oración y al ayuno durante una crisis familiar.

Pero esta lección se centra más en la «ofrenda de ayuno». Esta es una disciplina en la que los mormones mensualmente se saltan dos comidas, y luego donan el costo de esas comidas a un fondo especial que apoya el sistema de bienestar de la Iglesia Mormona. El primer domingo del mes, los niños y adolescentes mormones visitan todos los hogares del barrio para recoger la ofrenda (algunos miembros hacen una donación directa). La teoría es que el sistema de bienestar puede funcionar sin añadir la carga de una ofrenda especial para cubrir las necesidades de los pobres. Y funciona. El sistema de bienestar mormón es vasto, eficiente y financiado en gran parte por la ofrenda rápida.

Nuestro pacto para perdurar hasta el final

Sacerdocio y organizaciones eclesiásticas

El manual de la *PME* dice lo siguiente sobre la autoridad del sacerdocio: «El sacerdocio es la autoridad y el poder de Dios. Por medio del sacerdocio, el Padre Celestial lleva a cabo Su obra... Dios concede autoridad y poder a Sus hijos e hijas en la tierra para ayudar a llevar a cabo esta obra. El sacerdocio nos bendice a todos. Las ordenanzas tales como el bautismo y el sacramento se reciben por medio de aquellos que poseen oficios del sacerdocio. También recibimos bendiciones de sanación, consuelo y consejo».[109]

Los misioneros afirmarán que Dios le dio a José Smith la autoridad del sacerdocio cuando restauró la Iglesia, y que esta autoridad ha sido transmitida desde entonces de generación en generación. En sus ojos, el sacerdocio es lo que hace que un contrato sea vinculante. Un bautismo o convenio no cuenta si el sacerdocio no está involucrado. Los matrimonios no pueden continuar en la otra vida si no son sellados con el sacerdocio. El quinto punto en los Artículos de Fe SUD dice, «Creemos que el hombre debe ser llamado por Dios, por profecía y la imposición de manos, por aquellos que tienen la autoridad, a fin de que pueda predicar el evangelio y administrar sus ordenanzas».[110]

Este principio otorga inmediatamente toda la autoridad a las cabezas de la Iglesia SUD - el profeta y los apóstoles. Nadie

---

109   La Iglesia de Jesucristo de los Santos de los Últimos Días, "Llegar a ser discípulos de Jesucristo para toda la vida (Sacerdocio y Organziaciones Eclesiásticas).

110   Artículos de la Fe 5 (Perla de Gran Precio).

puede usar el sacerdocio, aunque le haya sido conferido, a menos que su uso haya sido delegado por un miembro de mayor rango de la Iglesia. De la misma forma nadie puede decidir cuál es la doctrina de la Iglesia. Todo lo dictan los hombres de arriba. Frente a la revelación profética, las escrituras y la revelación personal pasan a un segundo plano. Los que están por encima de ti en la Iglesia tienen incluso autoridad para recibir revelación para tu vida.

El sacerdocio es una piedra de tropiezo para muchos mormones. Ni siquiera pueden concebir convertirse en cristianos, y preguntarán, «¿Dónde está tu autoridad? ¿Dónde están sus profetas y apóstoles?». Les parece obvio que no somos la iglesia que Jesús estableció en el Nuevo Testamento.

El sacerdocio es el pegamento que mantiene unido al mormonismo, sin embargo, el sacerdocio es también el talón de Aquiles del mormonismo. Si bien la autoridad del sacerdocio suena muy bien en la superficie, el concepto plantea problemas significativos. Por ejemplo, es sólo para los hombres, con exclusión de las mujeres. Esto crea automáticamente una división entre los géneros, mientras que los cristianos creen en un sacerdocio de todos los creyentes - que tanto hombres como mujeres pueden ir a Dios a través de Jesucristo (1 Pedro 2:4-5, 9). Como hombre que crecía en la Iglesia Mormona, me di cuenta de que el sacerdocio era una carga pesada de llevar. Doctrina y Convenios 121:36-37 declara:

> Que los derechos del sacerdocio están inseparablemente unidos a los poderes del cielo, y que estos no pueden ser gobernados ni manejados sino conforme a los principios de la rectitud. Es cierto que se nos pueden conferir; pero cuando intentamos encubrir nuestros pecados, o satisfacer nuestro orgullo, nuestra vana ambición, o ejercer mando,

dominio o compulsión sobre las almas de los hijos de los hombres, en cualquier grado de injusticia, he aquí, los cielos se retiran, el Espíritu del Señor es ofendido, y cuando se aparta, se acabó el sacerdocio o autoridad de tal hombre.

Incluso desde muy joven fui muy consciente de mis pecados. En la cultura mormona, todo el mundo se viste bien los domingos y pretende ser digno. Tenía la impresión de que sólo yo luchaba por cumplir los mandamientos. Doctrina y Convenios decía que, si yo era inicuo en cualquier grado, mi autoridad del sacerdocio terminaría. A veces tenía miedo de bendecir la comunión (llamada el sacramento) porque no sabía si mi sacerdocio funcionaba ese día. Sin embargo, si no participaba en las ordenanzas, me destacaría como el único miembro indigno del barrio. Este miedo me persiguió cuando fui a mi misión. La gente me pedía bendiciones del sacerdocio y yo dudaba. Si no éramos dignos del sacerdocio, nuestras declaraciones de sanación no funcionarían. Se susurraba que evocar el sacerdocio cuando no éramos dignos podía incluso merecer la condenación. Descubrí que cuando las bendiciones de sanación fallaban, se podía culpar a los receptores si no tenían suficiente fe para ser sanados. En cualquier caso, la falta de un resultado deseado siempre era culpa de las personas implicadas, y nunca del sacerdocio en sí.

Como era sacerdote, creía que Dios esperaba más de mí. Se me había dado mayor luz y responsabilidad, y si pecaba contra ello, recibiría mayor condenación. Doctrina y Convenios 82:3 dice, «Porque de aquel a quien mucho se da, mucho se requiere; y el que peque contra mayor luz, mayor condenación recibirá». Los hombres mormones que tienen el sacerdocio son puestos en un pedestal. Se espera que sean fuertes para sus familias y se aseguren de que todos se mantengan en el camino del pacto. En realidad, están atrapados en medio de un dilema.

El sacerdocio no se puede usar si hay algún grado de dominio injusto u orgullo, sin embargo, ésta es una condición de la humanidad (Romanos 3:10) - una naturaleza pecaminosa de la cual no podemos escapar completamente.

El sacerdocio es una doble trampa. Evita que los miembros consideren seriamente el cristianismo, y también mantiene a los hombres atados a un perfeccionismo tóxico y a un barniz de rectitud exterior. Llegan a ser como los fariseos de antaño, de quienes Jesús dijo que son como sepulcros blanqueados, que por fuera parecen hermosos, pero por dentro están llenos de huesos y de toda inmundicia (Mateo 23:27).

Templo y trabajo de historia familiar
para antepasados fallecidos
Las siguientes dos secciones de la Lección 4 se enfocan fuertemente en un ídolo principal de la fe SUD: el templo. De hecho, gran parte de este capítulo apunta al templo. En el templo, los mormones se comprometen a guardar los mandamientos de Dios, lo que da lugar a todas las ordenanzas y prácticas SUD. En el mormonismo, el templo actúa como una secuela del papel de la cruz. La capacidad de un mormón para entrar es una prueba decisiva de su valía para alcanzar el cielo más elevado – el reino celestial. Los ritos que se realizan en el templo son los que, en última instancia, les permiten ser sellados a sus familias y obtener la exaltación, o ser coherederos con Cristo. En la mentalidad mormona, el templo desbloquea recompensas eternas aún mayores que las que podemos recibir a través de la cruz.

Se exige mucho a los miembros para poder asistir al templo. Deben demostrar valía a sus líderes locales respondiendo a preguntas en una entrevista. Deben afirmar que pagan el diez por ciento de sus ingresos como diezmo, que se abstienen del té, el café y el alcohol, y que obedecen los mandamientos.

Los misioneros hablan del templo con mucha reverencia. Dirán que tiene sentido que Dios restaure templos, ya que Él nunca cambia. Si hubo templos en tiempos del Antiguo Testamento, ¿por qué no los habría hoy? Además de eso, compartirán experiencias subjetivas y le contarán cómo encontraron paz en el templo o que Dios les reveló algo allí. Ten cuidado con cómo tratas este tema. El templo se considera sagrado, así que, si tus palabras se perciben como una burla, la conversación terminará.

Los misioneros dirán que, en los templos, se proveen ordenanzas especiales que permiten a las personas ser como Dios si guardan los pactos asociados con ellas. Los Santos de los Últimos Días realizan estas ordenanzas vicariamente por aquellos que han fallecido sin un conocimiento del evangelio SUD, lo cual es consistente para una religión que requiere estas ordenanzas para poder entrar a la presencia del Padre. *PME* dice esto:

> El Padre Celestial ama a todos Sus hijos y desea su salvación y exaltación. Sin embargo, miles de millones de personas han muerto sin escuchar el evangelio de Jesucristo o recibir las ordenanzas salvadoras del evangelio. . . En los templos, podemos realizar las ordenanzas en nombre de nuestros antepasados fallecidos y otros. Estas personas fallecidas en el mundo espiritual pueden entonces aceptar o rechazar el evangelio y las ordenanzas realizadas para ellos.[111]

Ya he comentado algunos de los problemas que plantean los templos, pero hay más. En primer lugar, a muchos miembros jóvenes no les entusiasma hacer trabajos de genealogía para tratar de localizar a sus antepasados muertos. En mi experiencia como mormón, eran los miembros mayores los que generalmente se tomaban el tiempo de buscar en los archivos para encontrar antepasados que no habían sido bautizados o

---

111 La Iglesia de Jesucristo de los Santos de los Últimos Días, "Llegar a ser discípulos de Jesucristo para toda la vida" (Templo y trabajo de historia familiar para antepasados fallecidos).

sellados a sus cónyuges. Me sentía culpable cada vez que alguien compartía la siguiente cita de José Smith: «La mayor responsabilidad en este mundo que Dios ha puesto sobre nosotros es buscar a nuestros muertos».[112]

Mi madre y mi abuela eran grandes fanáticas de la genealogía y afirmaban tener nuestro linaje trazado hasta Adán. Sin embargo, a mí me importaba un bledo el trabajo genealógico, aunque José Smith dijo que era la mayor responsabilidad que teníamos. A ninguno de mis compañeros le interesaba tampoco. De hecho, estoy dispuesto a apostar que sus jóvenes misioneros no pueden rastrear sus pedigríes hasta cinco generaciones atrás.

La Iglesia SUD espera que sus miembros acudan al templo con regularidad, y muchos de ellos lo hacen mensualmente. En las regiones muy pobladas por mormones, suele haber un templo cerca. Yo crecí en Austin, y fue una salvación cuando el templo de San Antonio abrió, ahorrando seis horas de un viaje de ida y vuelta al templo de Houston.

Una investidura en el templo es una ceremonia en la que los mormones hacen un pacto con Dios o en nombre de los muertos. Estas reuniones duran unas dos horas. Cuando se considera el tiempo de viaje y el costo de una niñera para cuidar a sus hijos, que es un compromiso significativo de tiempo y dinero. Los hombres y las mujeres están separados en lados opuestos de la sala en una ceremonia de investidura, sin embargo, ¡muchas parejas mormonas consideran que esta es su noche de cita!

Cuando los domingos, desde el púlpito, los fieles mencionan el templo, se produce una sensación de asombro. Un silencio intenso se apodera de la sala mientras la gente piensa reverentemente en su estructura sagrada. Mientras crecía, oía a la gente decir que visitaban el templo y encontraban paz en medio de sus caóticas vidas. Se suponía que era la casa de Dios, el lugar en el que podíamos acercarnos más a Él y obtener respuesta

---

112 *Teachings of the Presidents of the Church: Joseph Smith* (Salt Lake City: The Church of Jesus Christ of Latter-day Saints, 2011), 475, https://www.churchofjesuschrist.org/study/manual/teachings-joseph-smith/chapter-41?lang=eng.

a nuestras plegarias. Sin embargo, era tan sagrado que nunca se hablaba de los detalles de lo que ocurría en su interior, ni siquiera entre otros miembros.

No tenía ni idea de dónde me metía cuando entré en el templo antes de cumplir mi misión. Me quedé de piedra cuando entré en mi primera ceremonia de investidura. Nos dieron extrañas ropas blancas rituales para vestir e hicimos apretones de manos y palabras clave que necesitábamos memorizar para pasar por los centinelas en el cielo. Antes de la ceremonia, nos dijeron que íbamos a hacer pactos, o promesas a Dios, y que, si no nos sentíamos cómodos haciéndolos, podíamos marcharnos. Debido a la presión de mi familia, marcharme no era una opción, así que me comprometí a hacer pactos en el templo antes de saber lo que eran.

Los Santos de los Últimos Días hacen pactos en el templo para vivir vidas castas, obedecer los mandamientos y dedicar su tiempo, talentos y todo aquello con lo que el Señor les ha bendecido para edificar y defender la Iglesia SUD.

En resumen, estas son promesas que ningún Santo de los Últimos Días puede cumplir, sin embargo, la Iglesia pone mayor culpa en aquellos que rompen sus pactos. Cuando yo era mormón, había veces que deseaba no haber hecho pactos en primer lugar porque no siempre era obediente. Creo que muchos Santos de los Últimos Días se mienten a sí mismos para acallar sus conciencias acerca de asistir al templo. Durante las entrevistas en el templo con sus obispos, dicen que son dignos, y hacen todo lo posible por aparentar rectitud, pero en su interior siempre está presente esa voz de condenación.

Matrimonio eterno y familias eternas

El matrimonio eterno es el siguiente punto de la larga lista de exigencias religiosas impuestas a los fieles mormones. El concepto de familia eterna es una vía que los misioneros utilizarán para atraer a la gente a unirse a su Iglesia. Afirmarán que sólo su sacerdocio puede garantizar que tu familia permanecerá unida en el cielo, ¿y no quieres vivir para siempre con tu familia? Esta fuerte atracción emocional atrae a muchas personas a la Iglesia y las mantiene en la esclavitud indefinidamente. PME dice esto sobre el matrimonio: «Un esposo y una esposa que han sido sellados en el templo deben guardar los pactos que han hecho para recibir las bendiciones del matrimonio eterno».[113]

Un matrimonio para siempre suena increíble, pero también tiene aspectos perjudiciales. Por ejemplo, no todo el mundo en el mormonismo es capaz de encontrar un cónyuge. La Iglesia SUD ha dicho que todos los que no tuvieron la oportunidad en la mortalidad tendrán la oportunidad de casarse después de la resurrección. Pero la enseñanza sobre las familias eternas es un punto tan conflictivo que los miembros sin cónyuge pueden sentirse fracasados en una religión que idolatra la familia por encima de todo.

A mí me pasaba lo mismo. Era muy torpe con las mujeres y no tuve novia hasta los veinte años. Estaba convencido de que nunca me casaría y, en consecuencia, mi destino era convertirme en un ángel al servicio de Dios en lugar de ser yo mismo un dios.[114]

Después de sellar a una pareja en el templo surgen problemas mayores, sobre todo cuando se trata de abandonar la fe. Si una persona retira sus registros de la Iglesia, su sellamiento eterno se deshace. Dado que la Iglesia SUD es la base sobre la que se construyó el matrimonio, el matrimonio comienza a parecer como si no tuviera ancla y que no es legítimo en absoluto.

Un cónyuge apóstata tampoco sirve para ayudar a su pareja a ascender a la divinidad en el reino celestial. Así que cuando uno de los cónyuges abandona el barco, hay un nuevo elefante en la habitación – la suposición tácita de que el cónyuge fiel

---

113   La Iglesia de Jesucristo de los Santos de los Últimos Días, "Llegar a ser discípulos de Jesucristo para toda la vida" (Templos, legado, matrimonio eterno y familias eternas).

114   Spencer W. Kimball, "The Importance of Celestial Marriage," Ensign, octubre 1979, https://www.churchofjesuschrist.org/study/ensign/1979/10/the-importance-of-celestial-marriage?lang=eng.

se casará con otra persona en la próxima vida, alguien que se tomó en serio los pactos.

Este es el dilema en el que me encontré después de dejar la Iglesia. Mi matrimonio no parecía real. Intenté reavivarlo, pero durante nueve años había crecido en el suelo pedregoso de la Iglesia, y ahora esos cimientos habían desaparecido. A los dos años de dejar la Iglesia, mi mujer decidió que el matrimonio no significaba nada y pidió el divorcio.

Esto no es algo poco común con los ex-mormones. Los lazos familiares se tensan por todas partes. Los padres mormones se agitan porque su familia eterna se está desmoronando, y el que se va es tratado como si hubiera traicionado a sus seres queridos. Este simple hecho explica por sí solo por qué es difícil abandonar la fe SUD. Es casi garantizado que la persona que se va perderá relaciones familiares, y tenemos que ser conscientes de ello cuando hablamos del evangelio con los misioneros. Ellos tienen familias en casa que determinan su valor basado en su desempeño en la misión.

Incluso con miembros activos que no han hecho nada tan drástico como abandonar la Iglesia, el matrimonio eterno puede ser una fuente de estrés. Si uno de los cónyuges no es tan fiel como el otro, y sólo uno de ellos asiste al templo con regularidad, puede seguir existiendo la sensación de que tal vez no lleguen juntos a la exaltación.

Perdurar hasta el final

La cereza del evangelio SUD de la amputación es la perspectiva de aguantar hasta el final. Pero ¿cómo hace eso un mormón cuando ni siquiera puede mantener todos sus pactos durante una semana? La respuesta es arrepentimiento. PME explica perdurar hasta el fin de esta manera: «Cuando nos bautizamos, hacemos convenio con Dios de "perseverar hasta el fin" en vivir el evangelio de Jesucristo (2 Nefi 31:20; véase también

Mosíah 18:13). Nos esforzamos por ser discípulos de Jesucristo de por vida. Al continuar fielmente por el camino del Evangelio, finalmente recibiremos el mayor don de Dios – el don de la vida eterna».[115]

Esto refleja lo que el presidente de la Iglesia SUD Russell M. Nelson enseñó:

> Manténgase en el camino del pacto. Su compromiso de seguir al Salvador haciendo convenios con Él y luego guardando esos convenios abrirá la puerta a toda bendición y privilegio espiritual disponible para hombres, mujeres y niños en todas partes... El fin por el que cada uno de nosotros se esfuerza es ser dotados de poder en una casa del Señor, sellados como familias, fieles a los convenios hechos en un templo que nos califican para el mayor don de Dios – el de la vida eterna.[116]

Algunos miembros no aguantan ni permanecen plenamente activos. Sin embargo, resistir hasta el final es una responsabilidad personal. Debemos trabajar por nuestra propia salvación.

Vamos a diseccionar esta declaración para determinar lo que significa perdurar hasta el fin. Primero, los miembros SUD deben mantener sus pactos durante toda la vida para obtener la exaltación. Cuando se equivocan, deben renovar sus pactos, ya sea a través del arrepentimiento o tomando la comunión los domingos.

Si preguntas a tus misioneros con qué frecuencia se arrepienten,

---

115   La Iglesia de Jesucristo de los Santos de los Últimos Días, "Llegar a ser discípulos de Jesucristo para toda la vida" (Nuestro pacto para perdurar hasta el fin).

116   Russell M. Nelson, "As We Go Forward Together," *Ensign*, abril 2018, https://www.churchofjesuschrist.org/study/ensign/2018/04/as-we-go-forward-together?lang=eng.

probablemente te confesarán que lo hacen semanalmente o incluso a diario. Esto es sorprendentemente similar a cómo los primeros judíos tenían que ofrecer continuamente ofrendas por el pecado porque sólo podían cubrir sus pecados por un corto tiempo. El arrepentimiento es una de las grandes mentiras de la Iglesia SUD. Está diseñada para dar a sus miembros la falsa esperanza de que ellos mismos pueden eventualmente vencer el pecado.[117]

Cuando pecaba como Santo de los Últimos Días, me consolaba pensando que había mucho tiempo para arrepentirse. Cuando intentaba arrepentirme, pero me encontraba pecando más tarde, pensaba que la perfección no importaba en ese momento. Mientras mejorara, aunque fuera gradualmente, creía que podía seguir adelante con la gracia. Pero cuando pasaron los años y no veía ninguna mejora, empecé a darme cuenta de que no podía ser justo.

Por supuesto, yo creía en un mundo espiritual en el que el arrepentimiento podía continuar hasta la segunda venida - similar a la visión católica del purgatorio. La Iglesia SUD siempre enseñó que era más difícil arrepentirse en el mundo espiritual y que el mejor momento para hacerlo era durante la vida en la tierra.[118] Como la mayoría de los mormones, dominaba el arte de fingir rectitud, pero en mi interior había una tormenta de dudas que no podía sofocar. Sabía que no era digno del reino celestial, y temía no serlo nunca. Siempre me imaginé defraudando a Dios el día del juicio y viendo a mi familia entrar en el cielo más alto sin mí porque no era lo bastante valiente. Ese pensamiento me persiguió durante la mayor parte de mi vida.

La comunión (conocida como sacramento) sirve a los mormones para refrescar sus pactos y empezar la semana de cero. Sin embargo, los líderes son muy claros en que los miembros

---

117 Jeffrey R. Holland, "Be Ye Therefore Perfect – Eventually," Conferencia General de la Iglesia de Jesucristo de los Santos de los Últimos Días, octubre 2017, 40-42, https://www.churchofjesuschrist.org/study/general-conference/2017/10/be-ye-therefore-perfect-eventually?lang=spa.
118 Alma 34:34 (Libro de Mormón).

no deben tomar el sacramento indignamente. Entendí que «indignamente» significaba que, si estaba luchando con el pecado, no debía tomar los emblemas del sacramento. De hecho, después de confesar el pecado, he tenido obispos que me han amonestado a *no* tomar el sacramento hasta después de haber ganado el control sobre el pecado que me tenía en sus garras. Hay tanta diferencia entre la comunión SUD y la comunión cristiana. Como mormón, nunca conocí el gozo de participar en la comunión como lo describen las Escrituras, en memoria de Cristo. Siempre fue una ofrenda que necesitaba presentar desde un lugar de pureza, o de lo contrario creía que Dios podría no aceptarla.

Todo en el mormonismo pintaba la imagen de un Dios distante e iracundo. Mientras estaba en mi misión, creía que Dios no escucharía ni respondería a mis oraciones si mi apartamento estaba sucio. Si intentaba dar una bendición y no llegaba la inspiración, era porque era indigno. Si quería las bendiciones de Dios, primero tenía que librarme del pecado porque Él no quería ensuciarse las manos. Si quería la presencia de Dios, necesitaba visitar un lugar santo, como un templo.

Mi religión no consistía en que Dios me tendiera la mano para sostenerme, sino en que yo la tendiera para aferrarme a la mano de Dios. Sin embargo, por mucho que lo intentara, nunca podía alcanzar nada hasta que caí en la gracia. Era como si hubiera estado vagando por el desierto toda mi vida, motivado por espejismos que resultaban ser arena movediza, hasta que tropecé con un oasis y lago cristalino de agua fresca y limpia que nunca se seca.

Los misioneros SUD pueden tratar de resistirse al verdadero mensaje bíblico del evangelio, pero como alguien que una vez estuvo en sus zapatos, puedo decirles que no hay nada que deseen más.

Señalando los dos evangelios

Si le preguntas a los misioneros si beberían algo que tuviera la más mínima pizca de alcohol, seguramente se opondrán a la idea. Sus escrituras condenan beber alcohol, incluso un poquito corrompe toda la bebida. Explícales que por eso no puede aceptar el evangelio de las obras. Aún si los misioneros sólo afirman que es necesario el bautismo para ir al cielo, eso desacredita la gracia y contamina el evangelio.

Para ello, utiliza Romanos 11:5-6: *Así también aun en este tiempo ha quedado un remanente escogido por gracia. Y si por gracia, ya no es por obras; de otra manera la gracia ya no es gracia. Y si por obras, ya no es gracia; de otra manera la obra ya no es obra.*

El mensaje que Pablo transmite aquí es que la gracia no funciona cuando hay obras de por medio. Cuando se trata de la salvación, es una cosa o la otra. Si confiamos en una pizca de obediencia para salvarnos, no hay gracia que compense la diferencia. Nos quedamos solos. Tanto si los misioneros admiten el punto como si no, al menos deberían estar de acuerdo en que usted cree en un evangelio muy diferente al de ellos.

Después, señala Gálatas 1:8: *Mas si aún nosotros, o un ángel del cielo, os anunciare otro evangelio diferente del que os hemos anunciado, sea anatema.* Ahora que se ha establecido que hay dos evangelios sobre la mesa, digan a los misioneros que uno de ustedes tiene razón y el otro está maldito. Por eso es tan importante discutir sobre el verdadero evangelio.

Falacias del Sacerdocio

La Iglesia SUD afirma tener profetas y apóstoles que están autorizados para delegar el uso del sacerdocio. Una gran porción de la Lección 4 está dedicada a enseñar que los apóstoles tenían el sacerdocio en los tiempos del Nuevo Testamento, pero cuando murieron, el sacerdocio se fue con ellos. Ellos tratarán de convencerte de que sus líderes tienen los mismos títulos que aquellos encontrados en la iglesia antigua, esto es evidencia de que la iglesia de Cristo realmente se perdió sólo para ser restaurada más tarde.

El problema para los misioneros SUD es que el evangelio bíblico niega la necesidad de líderes mortales como mediadores entre Dios y el hombre. Como prueba, basta con ir al capítulo siete de Hebreos, donde se explica que Jesús es mejor sacerdote que lo que ofrecía la ley. Luego da una serie de razones para ello (Hebreos 7:1-19). En primer lugar, los sacerdotes eran mortales, pero Jesús es eterno:

> *Y los otros sacerdotes llegaron a ser muchos, debido a que por la muerte no podían continuar; mas este, por cuanto permanece para siempre, tiene un sacerdocio inmutable; por lo cual puede también salvar perpetuamente a los que por él se acercan a Dios, viviendo siempre para interceder por ellos.*
> (Hebreos 7:23-25)

Segundo, los sacerdotes eran pecadores, pero Jesús es santo:

> *Porque tal sumo sacerdote nos convenía: santo, inocente, sin mancha, apartado de los pecadores, y hecho más sublime que los cielos; que no tiene necesidad cada día, como aquellos sumos sacerdotes, de ofrecer primero sacrificios por sus propios pecados, y luego por los del pueblo; porque esto lo hizo una vez para siempre, ofreciéndose a sí mismo.*
> (Hebreos 7:26-27)

Coincidentemente, estos argumentos también exaltan a Jesús por encima de los líderes del sacerdocio SUD. Después de todo,

¿no mueren los poseedores del sacerdocio SUD? ¿Su sacerdocio no tiene que ser transmitido constantemente de generación en generación para mantenerlo vivo? Seguramente un sacerdocio sin fin por un Dios eterno es mejor que eso.

Además, ¿no pecan los líderes del sacerdocio SUD? ¿No toman el sacramento cada semana para renovar sus propios pactos? El cuadro que Hebreos pinta del sacerdote sacrificando por su propio pecado primero es un paralelo perfecto de lo que pasa en un barrio SUD cuando se pasa la comunión. El obispo toma el sacramento primero; luego se pasa al resto de los miembros.

Hebreos 10:11-14 declara lo siguiente:

> *Y ciertamente todo sacerdote está día tras día ministrando y ofreciendo muchas veces los mismos sacrificios, que nunca pueden quitar los pecados; pero Cristo, habiendo ofrecido una vez para siempre un solo sacrificio por los pecados, se ha sentado a la diestra de Dios, de ahí en adelante esperando hasta que sus enemigos sean puestos por estrado de sus pies; porque con una sola ofrenda hizo perfectos para siempre a los santificados.*

Los judíos tenían que hacer numerosas ofrendas por el pecado porque estas ofrendas sólo proporcionaban una cobertura temporal para el pecado. Después de explicar esto a los misioneros, pregúnteles con qué frecuencia se arrepienten. Lo más probable es que digan que se arrepienten a diario, lo que significa que tienen el mismo problema que los antiguos judíos. Lo único que consiguen es un indulto temporal del pecado; de lo contrario, no habría necesidad de seguir pidiendo perdón.

También debe notarse que la palabra griega para «santificado» en Hebreos 10:14 es tiempo presente y representa un proceso continuo. Por eso la RV60 (y otras versiones) lo traducen como aquellos que están *siendo santificados*. Los misioneros probablemente lo interpretarán como que sólo somos perfectos *después* de que la santificación se ha completado, pero Hebreos coloca la perfección antes de la santificación. Llévalos de vuelta a Hebreos 7:25 y recuérdales que Jesús salva *hasta lo sumo*. De esa declaración podemos inferir tres cosas:

1. Jesús es capaz de hacernos completamente dignos, incluso mientras estamos ocupados con nuestra lucha contra el pecado.

2. Los líderes del sacerdocio y las ordenanzas salvíficas no juegan ningún papel en la salvación porque Jesús no deja ningún vacío que llenar.

3. Aunque las Escrituras hablan de recompensas en el cielo, sólo hay un nivel de salvación. Somos salvos o no lo somos.

Refutación mormona #1: La Gracia es una licencia para pecar

En algún momento de la conversación, el misionero puede decir algo como, «¿Entonces crees que la obediencia no importa y que puedes pecar todo lo que quieras?».

Si esto sucede, no te alteres. Esta pregunta debe ser manejada con paciencia y amor. Después de todo, esto es simplemente como un corazón no regenerado ve la gracia. Es sólo su visión egocéntrica del mundo que está reluciendo. No lo veas como una acusación, sino como un recordatorio de la terrible situación en la que se encuentran.

Haz esta pregunta como respuesta: «Si alguien te amara incondicionalmente, ¿sería tu objetivo traicionarle todo lo posible?». Esto debería pararlos en seco. Obviamente, nadie con una pizca de decencia se aprovecharía de alguien tan dedicado a ellos.

Explica a los misioneros que los verdaderos cristianos se toman muy en serio la obediencia a Dios. Diles que, una vez obtenida la salvación, debemos desear agradar a Dios. Nuestra obediencia es un síntoma de amor, no una moneda de cambio para ganarnos el cielo. Comparte con ellos Romanos 13:8-10.

No debáis a nadie nada, sino el amaros unos a otros; porque el que ama al prójimo, ha cumplido la ley. Porque: No adulterarás, no matarás, no hurtarás, no dirás falso testimonio, no codiciarás, y cualquier otro mandamiento, en esta sentencia se resume: Amarás a tu prójimo como a ti mismo. El amor no hace mal al prójimo; así que el cumplimiento de la ley es el amor.

Continúa con esta pregunta: Si amar a nuestro prójimo nos lleva naturalmente a querer cumplir la ley, ¿no haría lo mismo amar a Dios?

Refutación mormona #2: Siempre hay más

Los misioneros pueden admitir que la salvación viene sólo a través de la fe, pero dirán que sólo te lleva al reino terrenal. Para obtener la vida eterna en el cielo más alto, debes bautizarte. Para ser exaltado, debes ser sellado a un cónyuge.

Debemos mantenernos firmes en el hecho de que la salvación viene sólo a través de Cristo. Para convencer de ello a los misioneros, tendrás que explicarles cómo nos salva Dios.

Me gusta utilizar los templos SUD como punto de partida. En la teología mormona, los muertos no pueden participar en las ordenanzas de salvación, por lo que los benefactores vivos asisten al templo y proporcionan ordenanzas para ellos vicariamente. La persona muerta simplemente acepta la ordenanza, y se le acredita a su cuenta como si hubiera participado en ella. Esto se llama imputación.

En el cristianismo, la cruz es aun mejor que un templo SUD. Ya que no podíamos obedecer la ley de Dios perfectamente, Jesús vivió obedientemente por nosotros y nos ofreció Su justicia vicariamente en la cruz. Esta es la razón por la que Pablo promueve una justicia que no es la suya (Filipenses 3:9), mientras que Romanos 5:10 asocia la salvación no sólo con la muerte de Cristo, sino también con Su vida: *Porque si siendo enemigos, fuimos reconciliados con Dios por la muerte de su Hijo, mucho más, estando reconciliados, seremos salvos por su vida.*

Pregunta a los misioneros si Jesús es digno de todas las bendiciones que el Padre tiene reservadas. Deben responder que sí. Afirma que se deduce naturalmente que, si se nos da la justicia de Cristo, no tenemos nada más que obtener.

Podrían decir que Dios reparte Su justicia poco a poco. Si esto sucede, explica que el infinito no se puede dividir. Si Jesús nos da el uno por ciento de Su justicia, esa cantidad sigue siendo infinita. Por lo tanto, podemos asumir razonablemente que somos dignos de la salvación, la vida eterna y la exaltación, todo en el mismo instante.

Refutación mormona #3: Recibimos Gracia a través del bautismo por la autoridad correspondiente

Ahora que has establecido el hecho de que la gracia salva al máximo, los misioneros dirán que debemos hacer algo para merecer esa gracia, ser bautizados por alguien que tiene autoridad del sacerdocio. El bautismo es tan icónico en el mormonismo que la salvación ligada a la fe hunde su barco de guerra. Para los fieles Santos de los Últimos Días, el bautismo es el momento en que entran en un pacto para la vida eterna y son adoptados en Cristo.[119] El bautismo es el pedestal sobre el que se asienta su ídolo del sacerdocio. Si estás buscando un punto de ataque, este es.

Señala Romanos 8:16-17 a los misioneros: *El Espíritu mismo da testimonio a nuestro espíritu, de que somos hijos de Dios. Y*

---

119   Mosíah 5:7-8 (Libro de Mormón).

si hijos, también herederos; herederos de Dios y coherederos con Cristo, si es que padecemos juntamente con él, para que juntamente con él seamos glorificados. Ya has establecido que no hay nada que ganar cuando la gracia nos salva, y este versículo lo reitera. Si somos hijos de Dios, entonces somos coherederos con Cristo. Por lo tanto, la adopción no es el comienzo de un camino, sino que es el destino final. Decir lo contrario es hacer que nuestro dominio sea mayor que el de Cristo.

Así que la gran pregunta es, ¿cuándo nos convertimos en hijos de Dios? Señala a los misioneros Romanos 8:14: *Porque todos los que son guiados por el Espíritu de Dios, estos son hijos de Dios.*

Ahora haz esta pregunta: ¿La gente es guiada por el Espíritu antes de entrar en la pila bautismal? Los mormones admitirán que este es el caso. Diles que según Romanos 8, si el Espíritu nos guía, somos coherederos con Cristo antes de ser bautizados.

Recomiendo llevar a los misioneros a través de los siguientes pasajes: Juan 1:12-13, Gálatas 3:26, Santiago 2:23 y Romanos 4:3. Estos versículos afirman claramente que nos convertimos en coherederos de Cristo antes de ser bautizados. Estos versículos establecen claramente que nos convertimos en hijos de Dios a través de la fe y que la justicia le fue imputada a Abraham cuando creyó en Dios. Luego lee Romanos 4:20-24 con ellos:

Tampoco dudó, por incredulidad, de la promesa de Dios, sino que se fortaleció en fe, dando gloria a Dios, plenamente convencido de que era también poderoso para hacer todo lo que había prometido; por lo cual también su fe le fue contada por justicia. Y no solamente con respecto a él se escribió que le fue contada, sino también con respecto a nosotros a quienes ha de ser contada, esto es, a los que creemos en el que levantó de los muertos a Jesús, Señor nuestro.

Estos pasajes sitúan la imputación y la adopción directamente en la fe. Si se han sentado bien las bases, no hay forma de escabullirse.

Cerrando el trato

Pide a los misioneros que imaginen cómo reaccionarían sus familias si anunciaran su marcha de la Iglesia. Pregunta a los ancianos cómo les afectaría esta reacción. Ten paciencia y escúchalos hasta el final. Este ejercicio es importante porque trae a la mente la idea de marcharse y les obliga a considerarlo seriamente.

Después de que te hayan dado su opinión, testifica que vale la pena perder todo por Jesús, incluso las relaciones familiares. Comparte Mateo 10:34-39:

No penséis que he venido para traer paz a la tierra; no he venido para traer paz, sino espada. Porque he venido para poner en disensión al hombre contra su padre, a la hija contra su madre, y a la nuera contra su suegra; y los enemigos del hombre serán los de su casa. El que ama a padre o madre más que a mí, no es digno de mí; el que ama a hijo o hija más que a mí, no es digno de mí; y el que no toma su cruz y sigue en pos de mí, no es digno de mí. El que halla su vida, la perderá; y el que pierde su vida por causa de mí, la hallará.

Jesús no vino a sellar familias, sino a separarlas. Esas son las malas noticias. La buena noticia es que estamos sellados juntos en el matrimonio entre Cristo y Su iglesia. Nuestra nueva familia eterna es cada creyente en Cristo. Marcos 10:29-30 dice:

Respondió Jesús y dijo: De cierto os digo que no hay ninguno que haya dejado casa, o hermanos, o hermanas, o padre, o madre, o mujer, o hijos, o tierras, por causa de mí y del evangelio, que no reciba cien veces más ahora en este tiempo; casas, hermanos, hermanas, madres, hijos, y tierras, con persecuciones; y en el siglo venidero la vida eterna.

Jesús lo reafirmó en Mateo 12:48-50, cuando le dijeron que su madre y sus hermanos querían hablar con Él:

Respondiendo él al que le decía esto, dijo: ¿Quién es mi madre, y quiénes son mis hermanos? Y extendiendo su mano hacia sus discípulos, dijo: He aquí mi madre y mis hermanos. Porque todo aquel que hace la voluntad de mi Padre que está en los cielos, ese es mi hermano, y hermana, y madre.

Explica que Jesús hizo una distinción intencional entre sus parientes de sangre y su familia. Somos parte de una gran familia cuando hacemos la voluntad de Dios. ¿Y cuál es Su voluntad? Jesús responde a esa pregunta en Juan 6:40: *Y esta es la voluntad del que me ha enviado: Que todo aquel que ve al Hijo, y cree en él, tenga vida eterna; y yo le resucitaré en el día postrero.*

Sería bueno preguntar a los misioneros si seguirían entusiasmados por ir al cielo si sus familias no estuvieran allí, pero Jesucristo siguiera estando. ¿Es Jesús suficiente para ellos?

Por último, explícales qué es una fianza. Tuve algunos misioneros en casa una noche y usé el ejemplo de comprar una casa. Una fianza es dinero dado para garantizar que pagarás el resto más adelante. Les dije que Dios ya había dado a los creyentes las arras de su herencia: el Espíritu Santo. Nunca habían oído tal cosa. Les hablé de Efesios 1:13-14: *En él también vosotros, habiendo oído la palabra de verdad, el evangelio de vuestra salvación, y habiendo creído en él, fuisteis sellados con el Espíritu Santo de la promesa, que es las arras de nuestra herencia hasta la redención de la posesión adquirida, para alabanza de su gloria.*

Nuestro Sumo Sacerdote

Hay una palabra que deshace toda la herejía y todo el abuso de la Iglesia SUD. Hay una palabra que ilumina la oscuridad y proporciona un rayo de esperanza. Esa palabra es el majestuoso nombre de Jesús. Todo lo que la Iglesia SUD predica es anulado por lo que Jesucristo hace y lo que Él es. La necesidad del matrimonio eterno queda anulada porque Jesús es nuestro novio. Los templos son obsoletos porque Jesús imputa Su justicia vicariamente en la cruz. Perdurar hasta el fin deja de ser responsabilidad del hombre y se convierte en una obra de Dios. No podemos perdernos porque Cristo nos tiene en la palma de Su mano. Aunque nos extraviemos, Él deja a las noventa y nueve y trae de vuelta al redil a Sus ovejas perdidas (Mateo 18:12).

El libro de Hebreos llama a Jesús nuestro Sumo Sacerdote. Este sentimiento se pierde en los SUD, pero los judíos habrían entendido que ya no había necesidad de un hombre para interceder por ellos, ni había necesidad de un templo.

Para ponerlo en términos SUD, Jesús es nuestro obispo. No necesitamos confesar nuestros pecados a un hombre porque podemos confesarlos a Cristo. Jesús es nuestro profeta, así que ya no necesitamos ponernos bajo la autoridad de los líderes SUD. Jesús es nuestro apoderado. Ya no necesitamos hacer obras para merecer la salvación porque nuestro trabajo ya ha sido hecho. Jesús es nuestra familia eterna, nuestro sacerdocio y nuestro templo. Podemos desechar nuestros ídolos y confiar en que Su gracia es suficiente para atraparnos y llevarnos a casa.

* * * *

Michael Flournoy creció como Santo de los Últimos Días de séptima generación, descendiente de pioneros mormones y polígamos. Como miembro, escribió *A Biblical Defense of Mormonism* (2012) y participó en varios debates públicos contra cristianos, incluido un debate contra Lynn Wilder en *UnBelievable?* Es autor de *Falling into Grace: How a Mormon Apologist Stumbled into Christianity* (2020). Michael y su familia residen en Texas.

Apéndice: Recursos

Comprendiendo el mormonismo

- Institute for Religious Research - mit.irr.org/es.
- *The Saints of Zion: An Introduction to Mormon Theology*, Travis Kerns. B&H Academic, 2018.
- *Speaking the Truth in Love to Mormons*, Mark J. Cares. Truth in Love Ministry, 2013.
- *Understanding Your Mormon Neighbor: A Quick Christian Guide for Relating to Latter-day Saints*, Ross Anderson. Zondervan, 2011.

Evangelismo para los Santos de los Últimos Días

- Truth in Love Ministry - tilm.org.
- Adam's Road Ministry - www.adamsroadministry.com.
- *Introducing Christianity to Mormons: A Practical and Comparative Guide to What the Bible Teaches*, Eric Johnson. Harvest House, 2022.
- *Crossing the Chasm: Helping Mormons Discover the Bridge to God*, Mark J. Cares and Jon Leach. Truth in Love Ministries, 2021.

- *Engaging with Mormons: Understanding their World; Sharing Good News,* Corey Miller. The Good Book Company, 2020.

- *Sharing the Good News with Mormons: Practical Strategies for Getting the Conversation Started*, Eric Johnson and Sean McDowell, eds. Harvest House, 2018.

- *I Love Mormons: A New Way to Share Christ with Latter-day Saints*, David L. Rowe. Baker, 2005.

Apologética relacionada con el mormonismo

- Mormonism Research Ministry - www.mrm.org. En español: https://www.mrm.org/category/foreign-language-articles/articles-in-spanish

- Christian Apologetics and Research Ministry - carm. org/world-religions/Mormonism.

- *Answering Mormons' Questions: Ready Responses for Inquiring Latter-day Saints,* Bill McKeever and Eric Johnson. Kregel Publications, 2012.

Discipulando a antiguos Santos de los Últimos Días

- Faith After Mormonism - faithaftermormonism.org.

- The Outer Brightness Podcast: From Mormon to Jesus - www.outerbrightnesspodcast.com.

- The Unveiling Grace Podcast: Experience a Grace that Heals - unveilinggracepodcast.com.

- *Jesus without Joseph: Following Christ After Leaving Mormonism: A Study Guide,* Ross Anderson. Independently published, 2015.

- *Starting at the Finish Line: The Gospel of Grace for Mormons,* John B. Wallace. Pomona House, 2014.

- *Out of the Cults and Into the Church: Understanding and Encouraging Ex-Cultists,* Janis Hutchinson. Kregel Resources, 1994.

Historias de antiguos mormones llegando a la fe en Cristo

- *Passport to Heaven: The True Story of a Zealous Mormon Missionary Who Discovers the Jesus He Never Knew,* Micah Wilder. Harvest House, 2021.

- *Falling into Grace: How a Mormon Apologist Stumbled into Christianity,* Michael Flournoy. Independently published, 2020.

- *Out of Zion: Meeting Jesus in the Shadow of the Mormon Temple,* Lisa Brockman. Harvest House, 2019.

- *Leaving Mormonism: Why Four Scholars Changed Their Minds,* Corey Miller and Lynn K. Wilder, eds. Kregel, 2017.

- *A Mormon's Unexpected Journey: Finding the Grace I Never Knew,* Carma Naylor. Light of Truth Books, 2014.

- *Mormonism, the Matrix, and Me: My Journey from Kolob to Calvary,* Tracy Tennant. Right Track Publications, 2014.

- *Unveiling Grace,* Lynn K. Wilder. Zondervan, 2013.

- *Out of Mormonism: A Woman's True Story,* Judy Robertson. Bethany House, 2011.